同济博士论丛
TONGJI Dissertation Series
总主编 伍 江 副总主编 雷星晖

孔国玲 万 钢 钟再敏 著

混合动力汽车用定轴式有源传动装置关键技术研究

Research on Key Technologies of Fixed-Axle Active Transmission Used for HEV Application

同济大学出版社
TONGJI UNIVERSITY PRESS

内容提要

混合动力汽车是未来几十年汽车电动化过程中的过渡性技术，有着巨大的市场前景。本书提出一种基于图论的定轴式有源传动装置拓扑结构设计方法，并在此方法上推演出一种新型的传动方案EMT。针对该方案的独特拓扑结构，突出两种关键瞬态过程控制，开发相应控制算法。本书针对定轴式有源传动装置的动力学分析以及关键技术研究将具有较强的工程应用价值，适于汽车专业院校师生和生产研发技术人员阅读。

图书在版编目(CIP)数据

混合动力汽车用定轴式有源传动装置关键技术研究/孔国玲，万钢，钟再敏著. —上海：同济大学出版社，2017.8

(同济博士论丛/伍江总主编)

ISBN 978-7-5608-6945-2

Ⅰ. ①混… Ⅱ. ①孔…②万…③钟… Ⅲ. ①混合动力汽车—液压传动装置—研究 Ⅳ. ①U469.7

中国版本图书馆CIP数据核字(2017)第093786号

混合动力汽车用定轴式有源传动装置关键技术研究

孔国玲　万　钢　钟再敏　著

出 品 人　华春荣　　责任编辑　吕　炜　卢元姗

责任校对　谢卫奋　　封面设计　陈益平

出版发行　同济大学出版社　www.tongjipress.com.cn

(地址：上海市四平路1239号　邮编：200092　电话：021-65985622)

经　　销　全国各地新华书店

排版制作　南京展望文化发展有限公司

印　　刷　浙江广育爱多印务有限公司

开　　本　787 mm×1092 mm　1/16

印　　张　10

字　　数　200 000

版　　次　2017年8月第1版　2017年8月第1次印刷

书　　号　ISBN 978-7-5608-6945-2

定　　价　50.00元

"同济博士论丛"编写领导小组

“同济博士论丛”编辑委员会

总 序

在同济大学110周年华诞之际，喜闻“同济博士论丛”将正式出版发行，倍感欣慰。记得在100周年校庆时，我曾以《百年同济，大学对社会的承诺》为题作了演讲，如今看到付梓的“同济博士论丛”，我想这就是大学对社会承诺的一种体现。这110部学术著作不仅包含了同济大学近10年100多位优秀博士研究生的学术科研成果，也展现了同济大学围绕国家战略开展学科建设、发展自我特色，向建设世界一流大学的目标迈出的坚实步伐。

坐落于东海之滨的同济大学，历经110年历史风云，承古续今、汇聚东西，秉持“与祖国同行、以科教济世”的理念，发扬自强不息、追求卓越的精神，在复兴中华的征程中同舟共济、砥砺前行，谱写了一幅幅辉煌壮美的篇章。创校至今，同济大学培养了数十万工作在祖国各条战线上的人才，包括人们常提到的贝时璋、李国豪、裘法祖、吴孟超等一批著名教授。正是这些专家学者培养了一代又一代的博士研究生，薪火相传，将同济大学的科学研究和学科建设一步步推向高峰。

大学有其社会责任，她的社会责任就是融入国家的创新体系之中，成为国家创新战略的实践者。党的十八大以来，以习近平同志为核心的党中央高度重视科技创新，对实施创新驱动发展战略作出一系列重大决策部署。党的十八届五中全会把创新发展作为五大发展理念之首，强调创新是引领发展的第一动力，要求充分发挥科技创新在全面创新中的引领作用。要把创新驱动发展作为国家的优先战略，以科技创新为核心带动全面创新，以体制机制改革激发创新活力，以高效率的创新体系支撑高水平的创新型国家建设。作为人才培养和科技创新的重要平台，大学是国家创新体系的重要组成部分。同济大学理当围绕国家战略目标的实现，作出更大的贡献。

大学的根本任务是培养人才，同济大学走出了一条特色鲜明的道路。无论是本科教育、研究生教育，还是这些年摸索总结出的导师制、人才培养特区，“卓越人才培养”的做法取得了很好的成绩。聚焦创新驱动转型发展战略，同济大学推进科研管理体系改革和重大科研基地平台建设。以贯穿人才培养全过程的一流创新创业教育助力创新驱动发展战略，实现创新创业教育的全覆盖，培养具有一流创新力、组织力和行动力的卓越人才。“同济博士论丛”的出版不仅是对同济大学人才培养成果的集中展示，更将进一步推动同济大学围绕国家战略开展学科建设、发展自我特色、明确大学定位、培养创新人才。

面对新形势、新任务、新挑战，我们必须增强忧患意识，扎根中国大地，朝着建设世界一流大学的目标，深化改革，勠力前行！

万　钢

2017 年 5 月

论丛前言

承古续今，汇聚东西，百年同济秉持“与祖国同行、以科教济世”的理念，注重人才培养、科学研究、社会服务、文化传承创新和国际合作交流，自强不息，追求卓越。特别是近20年来，同济大学坚持把论文写在祖国的大地上，各学科都培养了一大批博士优秀人才，发表了数以千计的学术研究论文。这些论文不但反映了同济大学培养人才能力和学术研究的水平，而且也促进了学科的发展和国家的建设。多年来，我一直希望能有机会将我们同济大学的优秀博士论文集中整理，分类出版，让更多的读者获得分享。值此同济大学110周年校庆之际，在学校的支持下，“同济博士论丛”得以顺利出版。

“同济博士论丛”的出版组织工作启动于2016年9月，计划在同济大学110周年校庆之际出版110部同济大学的优秀博士论文。我们在数千篇博士论文中，聚焦于2005—2016年十多年间的优秀博士学位论文430余篇，经各院系征询，导师和博士积极响应并同意，遴选出近170篇，涵盖了同济的大部分学科：土木工程、城乡规划学(含建筑、风景园林)、海洋科学、交通运输工程、车辆工程、环境科学与工程、数学、材料工程、测绘科学与工程、机械工程、计算机科学与技术、医学、工程管理、哲学等。作为“同济博士论丛”出版工程的开端，在校庆之际首批集中出版110余部，其余也将陆续出版。

博士学位论文是反映博士研究生培养质量的重要方面。同济大学一直将立德树人作为根本任务，把培养高素质人才摆在首位，认真探索全面提高博士研究生质量的有效途径和机制。因此，“同济博士论丛”的出版集中展示同济大学博士研究生培养与科研成果，体现对同济大学学术文化的传承。

“同济博士论丛”作为重要的科研文献资源，系统、全面、具体地反映了同济大学各学科专业前沿领域的科研成果和发展状况。它的出版是扩大传播同济科研成果和学术影响力的重要途径。博士论文的研究对象中不少是“国家自然科学基金”等科研基金资助的项目，具有明确的创新性和学术性，具有极高的学术价值，对我国的经济、文化、社会发展具有一定的理论和实践指导意义。

“同济博士论丛”的出版，将会调动同济广大科研人员的积极性，促进多学科学术交流、加速人才的发掘和人才的成长，有助于提高同济在国内外的竞争力，为实现同济大学扎根中国大地，建设世界一流大学的目标愿景做好基础性工作。

虽然同济已经发展成为一所特色鲜明、具有国际影响力的综合性、研究型大学，但与世界一流大学之间仍然存在着一定差距。“同济博士论丛”所反映的学术水平需要不断提高，同时在很短的时间内编辑出版110余部著作，必然存在一些不足之处，恳请广大学者，特别是有关专家提出批评，为提高同济人才培养质量和同济的学科建设提供宝贵意见。

最后感谢研究生院、出版社以及各院系的协作与支持。希望“同济博士论丛”能持续出版，并借助新媒体以电子书、知识库等多种方式呈现，以期成为展现同济学术成果、服务社会的一个可持续的出版品牌。为继续扎根中国大地，培育卓越英才，建设世界一流大学服务。

伍　江

2017年5月

前言

在节节攀升的汽油价格以及越来越严的排放法规的社会背景下，传统汽车已经难以满足时代发展的需求，汽车动力系统的电动化成为未来的发展趋势。纯电动汽车和燃料电池汽车受限于基础设施薄弱、关键技术障碍、成本和可靠性等因素，短时间内难以市场化；而混合动力电动汽车相对技术成熟，有着极大的市场化潜力，并且已经有成熟的产品，如丰田的Prius、通用的Volt等分别掌握了未来几十年汽车电动化过程中的过渡性技术，因此混合动力有着巨大的市场前景。

汽车动力系统的电动化引入了另一动力源电机，而电机与原有传动系统的集成是其关键技术之一，常见的集成方案是将变速器与电机集成为一个总成，本书将至少集成有一个电机的变速器装置定义为有源传动装置。目前应用于混合动力的有源传动装置有基于行星齿轮结构的耦合方案以及基于定轴式齿轮传动的方案。前者以丰田THS（Toyota Hybrid System）和通用的双模有源传动装置等为代表，但鉴于其高技术门槛和专利保护等原因，另辟蹊径提出一种基于行星齿轮的新型混合动力传动方案相对困难。而基于定轴式齿轮传动的耦合方案具有相对技术门槛低、可靠、传动效率高以及成本低等突出优点，受到越来越多的关注。

基于定轴式的有源传动装置能够有效地将并联式混合动力与定轴式齿轮传动的优点结合起来，既能满足传动系统的多挡位需求，适应复杂多变的行车工况，又能充分利用并联混合动力的优点，改善动力性以及燃油经济性。而且，定轴式齿轮变速器在国内有着良好的设计、加工和制造基础，成本低，具有极大的成本优势。因此，针对定轴式有源传动装置开展深入的动力学分析以及关键技术研究将具有较强的工程应用价值。

国内针对定轴式有源传动装置有着一定的研究基础，但未充分挖掘定轴式有源传动装置的技术潜力。为充分发挥定轴式有源传动装置的技术优势和挖掘其技术潜力，本书提出一种基于图论的定轴式有源传动装置拓扑结构设计方法，并在此方法基础上推演出一种新型的传动方案EMT，并针对该方案的独特的拓扑结构，提出两种关键瞬态过程控制过程，并开发相应的控制算法。具体内容如下：

首先，将图论理论引入到定轴式有源传动装置拓扑结构设计中，将定轴式有源传动装置各组成单元，如轴、同步器、离合器和齿轮等进行抽象，进而将一个由定轴式变速器和电机组合而成的复杂系统用抽象的拓扑结构来表达，在此基础上，用排列组合的方法穷举出全部潜在的组合方案，并通过图论理论以及各种边界条件来筛选出符合设计需求的方案，在最终得到的符合设计需求的方案中挑选最合理的方案作为本书的研究对象。

其次，对新型有源传动装置进行了结构原理和工作模式分析，根据方案拓扑结构特点，提出了离合器不分离换挡和动力不中断换挡两个瞬态过程。对关键部件即发动机、离合器、变速器、驱动电机和整车等进行了建模；针对有源传动装置在换挡过程中传动系统存在变拓扑的情况，分别对两个瞬态过程即离合器不分离换挡和动力不中断换挡过程进行了传动系统建模，为离线控制算法的验证以及整车仿真提供平台。

第三，离合器不分离换挡和动力不中断换挡两个瞬态过程是本书的研究重点。本书介绍了离合器不分离换挡和动力不中断换挡过程的详细控制算法，并针对离合器不分离换挡过程的最关键技术，即同步器主动端惯量调速控制，提出了基于极小值原理的时间最优控制算法，以实现快而准的调速效果；瞬态过程切变过程中不可避免地涉及转矩的突变，为了确保行车舒适性，开发了状态切换过程中的转矩补偿策略，并加以仿真验证。

最后，开展了 EMT 试验台架研究，进行了离合器不分离换挡试验以及动力不中断换挡等典型工况试验，验证了控制算法的有效性。

目录

第1章 绪 论

1.1 研究背景及意义

随着全球气候变暖以及冰川逐渐消融，北极这个以前不怎么被人关注的区域，最近越来越受到瞩目，美国、俄罗斯、加拿大、瑞典、丹麦、挪威等北冰洋沿岸国家纷纷调整、推出各自的北极战略，力争未来在北极的资源之争中占据优势地位[1]。冰山融化和海平面上升已经成为无可争议的事实，北极周边国家在看到北极地下丰富的矿藏资源的同时，民众把更多的注意力集中在海平面上升给人类带来的危害以及如何减缓上升的速度。IPCC 2007年曾预计，截至21世纪末，海平面将上升18～58 cm，可能淹没低洼地带，致使数以百万计的民众流离失所[2]。海平面上升的主要原因是过量的温室气体的排放，尤其是第一次工业革命之后，温室气体以史前未有的迅猛速度排放到空气中，在不考虑未来采取有效措施的情况下，温室气体的排放速度仍有进一步增速的趋势。

奥斯陆气候和环境国际研究中心最近在美国《国家科学院学报》月刊上刊登研究报告说，汽车、轮船、飞机和火车使用燃料所释放的气体是目前造成全球变暖的主要原因之一。报告指出，过去10年全球二氧化碳排放总量增加了13%,而源自交通工具的碳排放增长率却达25%。欧盟大部分工业领域都做到了成功减排,但交通工具碳排放却在过去10年增长了21%。报告预计,至2050年,全球交通工具碳排放将比目前增长30%~50%[3,4]。

中国石油进口比例正在逐年增加,2007年进口比例是47.2%,2008年为49.8%,2009年为52%,2010年为54.8%,2011年为56.5%,按照这种速度进行下去,不用多久,就会超过60%。从总量计算,2010年,交通领域所消耗原油约占原油总消耗量的68%,其中车用石油消费占57%左右[5],如何提高车用石油的利用效率已经成为关系到国家战略安全的课题。

新能源汽车无疑是提高汽车燃油效率以及减少温室气体排放的最直接和有效的途径。2012年4月18日,在国务院常务会议上,讨论并通过了《节能与新能源汽车产业发展规划(2012—2020年)》,规划重点推进纯电动汽车和插电式混合动力汽车产业化,并制订了目标:到2015年,纯电动汽车和插电式混合动力汽车累计产销量达到50万辆,到2020年,超过500万辆。今后纯电动汽车和插电式混合动力汽车将有着良好的市场前景[6,7]。

汽车动力系统的电动化是解决能源与环境的有效途径,动力系统的电动化方案之一是推动纯电动汽车市场化,受限于基础设施薄弱、关键技术障碍、成本和可靠性等因素,短期内难以形成大规模的市场化,而燃料电池动力汽车面临纯电动汽车同样的技术瓶颈和市场困境。混合动力电动汽车可作为纯电动化的过渡技术,由于内燃机的保留,其对动力电池容量的依赖性大大减小,既能在发动机怠速和车辆制动时回收能量,达到节油的目的,又能满足对行驶里程的需求,技术相对成熟,并且已经有成熟的产品,混合动力尤其是插电式混合动力有着巨大的市场前景。

汽车动力系统的电动化引入了另一动力源即驱动电机,而电机与原有传动系统的集成是电动化的一大难题,特别是电机与变速器的集成直接影响了传动系统的性能、传动系统的尺寸及重量,也是国内外各大整车厂正在攻克的难题,国外较成功的方案有日本丰田的THS装置[8,9]、美国通用的双模装置[10]等，受限于行星齿轮和专利保护等困境，目前，国内在该领域的研究主要集中于定轴式齿轮变速器与电机的集成方案，并且有部分成熟方案已经市场化，国内科技工作者在该领域的研究仍在不停地探索，以走出一条能够适应国内技术环境的汽车动力系统电动化之路。

1.1.1 有源传动装置定义

作为汽车动力系统电动化的过渡性技术，混合动力传动系统相比传统汽车又引入了驱动电机，而驱动电机与原有动力系统的集成是其一技术难点，集成的好坏直接影响其性能、尺寸和重量等技术指标，目前比较普遍的方案是将电机与变速器集成为一个总成，国内学术界和工业界将这种技术称为机电耦合或者电驱变速箱，但缺乏统一的定义。其实，不管其拓扑结构是何种形式，或者动力耦合装置是行星齿轮还是定轴齿轮，都存在共性的技术特征。

本书以有源传动装置这个名词来概括该项技术，有源传动的概念并非全新的名词，国内学者钟再敏等在文献[11]中已经提到过有源传动的概念，但系统性的定义还未在国内文献中做出详细的阐述。本书将有源传动装置定义为至少集成一个电机，进而能同时完成机械功率传递和机械与电能相互转换的车用变速装置。该装置至少具有一个机械功率输出端口(O)，一个或以上电功率输入/输出端口(E)和一个可选的机械功率输入端口(I)，有源传动装置的结构原理图如图1-1所示。有源传动装置的优点是克服传统传动系统完全依赖发动机这唯一动力源的缺点，通过调节驱动电机的功率输出，一方面，可以优化发动机的工况，提高其燃油消耗率；另一方面，驱动电机

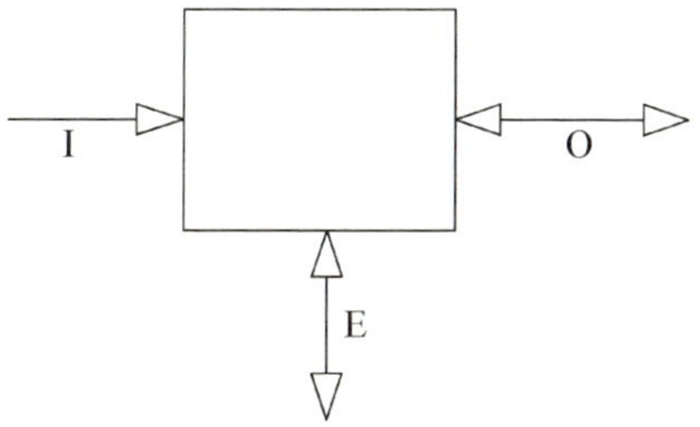

I端口：机械功率输入，E端口：电功率输入/输出，O端口：机械功率输入/输出

图1-1 有源传动装置原理图

可以在换挡等瞬态工况下提供驱动力，可优化舒适性以及动力性；此外，驱动电机可实现制动能量回收，进一步提高燃油经济性。

1.1.2 有源传动装置的基本类型

有源传动装置的主要功能为耦合来自发动机和电机的转矩或者转速，将动力传递到车轮，以达到理想的动力性和经济性，其动力学原理图如图 1-2 所示。目前市场上流行的有源传动装置有丰田的 THS 系统、福特的 FHS 系统、通用的 AHS-2 双模系统以及伊顿的机械式自动变速器耦合方案等，目前，有源传动装置有多种分类方式，如按其拓扑结构分类，可分为串联式、并联式和混联式；按照耦合位置和部件的不同，又可分为变速器耦合、传动系耦合以及行星机构耦合等多种类型。但上述归类方法过于笼统，不利于对动力系统的结构和性能进行深入分析和研究，若根据耦合系统的功能如汇矩、汇速进行分类，更能揭示方案的本质特性，因此，按此方法可将有源传动装置分为转速耦合机构、转矩耦合机构以及功率分流耦合机构[12,13]。

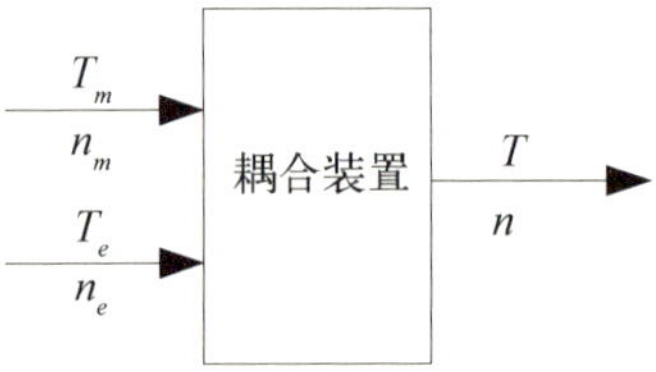

图 1-2 有源传动装置动力学示意图

1. 转矩耦合机构

转矩耦合装置的输出转速与发动机及电机转速之间成固定比例关系，而系统的输出转矩是发动机和电机转矩的线性和，系统输出转矩和转速可表示如下：

$$T = \eta_e i_e T_e + \eta_m i_m T_m \tag{1-1}$$

$$n = n_e / i_e = n_m / i_m \tag{1-2}$$

式中，i_e 和 η_e 分别为从发动机输出轴到有源传动装置输出轴的传动比和传动效率；i_m 和 η_m 分别为从电机输出轴到有源传动装置输出轴的传动比和传动效率。

因此，由式(1－1)和式(1－2)可知，系统输出转速与两动力源转速成定比例关系，而输出转矩为两动力源线性之和。因此，在汽车行驶过程中，发动机的转速不可控，而其转矩可以通过电机的转矩调整得到控制，从而可调节电机转矩使得发动机工作在燃油经济区。伊顿的基于 AMT 的混合动力方案属于典型的转矩耦合装置。

2. 转速耦合机构

转速耦合装置的输出转矩与发动机和电机转矩成比例关系，系统的输出转速是发动机和电机转速的线性之和，转速耦合装置中常用的耦合机构为行星齿轮，其原理如图 1－3 所示。稳态下，其输入与输出之间有如下关系：

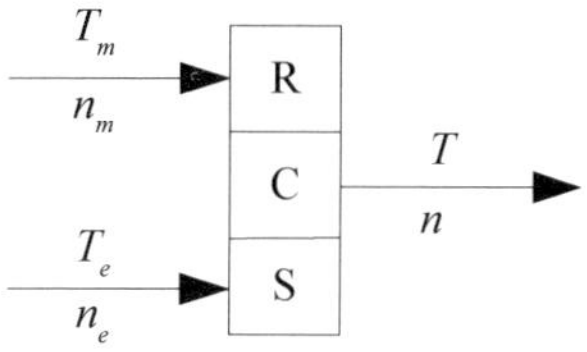

图 1－3 典型的转速耦合原理图

$$T=-\frac{\eta_s(k+1)}{\eta_c}T_e=-\frac{\eta_r(k+1)}{\eta_c}T_m \tag{1-3}$$

$$n=\frac{n_e+kn_m}{k+1} \tag{1-4}$$

式中，k 为齿圈与太阳轮的齿数比，η_s，η_r，η_c 分别为太阳轮、齿圈和行星架的传动效率。

由式(1－3)和式(1－4)可知，在汽车行驶过程中，由于系统输出转矩与发动机的转矩存在定比例关系，因此，发动机转矩不可控，而发动机的转速可以通过对电机的转速调整而得到控制，所以，发动机的工作区域可通过调节电机转速进行调整，以实现理想的燃油经济性。典型的转速耦合机构是北京理工大学与波兰华沙工业大学联合研制的混合动力汽车用紧凑型行星传动混合动力装置。

3. 功率分流耦合机构

转速耦合装置或者转矩耦合系统只能单独调节发动机转矩或者转速，难以满足所有工况需求，而功率分流耦合机构在行车过程中既可调节发动机转矩又可调节发动机转速，其通常采用图 1－4 所示的单行星排耦合系统。其中，电机 1 为发电机，电机 2 为电动机，其输入与输出之间的关系为

$$n=\frac{(k+1)n_{e1}-n_{m2}}{k} \tag{1-5}$$

$$T=\frac{-k\eta_{e1}T_{e1}}{k+1}+\eta_{m1}T_{m1} \tag{1-6}$$

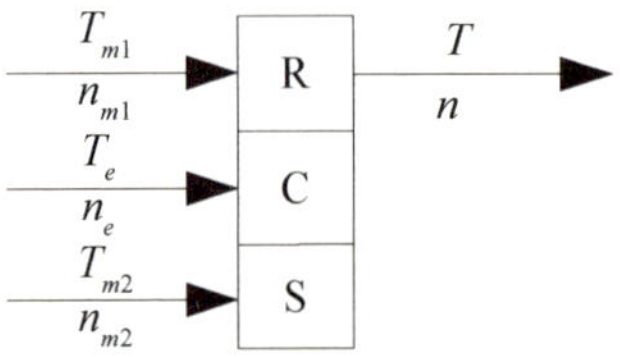

图 1－4　典型的功率分流耦合原理图

由式(1－5)和式(1－6)可知，系统输出转速或者转矩都不与两动力源的转速或者转矩成定比例关系，因此，可控制电机的输出转矩或者转速来调节发动机的转矩或者转速，从而让发动机工作于最佳燃油经济区。典型的功率分流耦合机构有丰田的 THS、通用的双模和福特的 FHS 等。

1.1.3　有源传动装置国内外研究现状

混合动力汽车作为汽车产业纯电动化进程中过渡中的中间技术，也是目前技术成熟、短期内具有市场化的产品，各大跨国汽车公司以及中国本土汽车公司正在积极将自己的产品和技术推向市场，并且某些产品已经取得了一定成绩，下文将列举当前国内外市场上主流的有源传动装置。

1. 国外有源传动装置发展概况

1）丰田 Prius 的 THS 系统

日本丰田公司的 Prius[14,15]混合动力汽车采用的 THS(Toyota Hybrid System)是汽车行业历史上至今商业化最为成功的一款有源传动装置。Prius 经过 15 年的发展，相关技术也在不断前进，动力系统已经从 THS Ⅰ发展到现在的插电式 THS Ⅲ技术。THS Ⅲ系统结构原理图如图 1－5 所示，其发动机连在行星排的行星架上，发电机 MG1 与太阳轮相连，而驱动

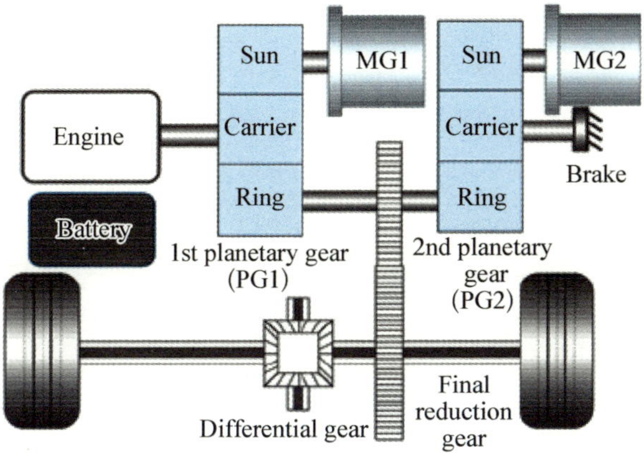

图 1-5 丰田 Prius 传动系统结构原理图

电机 MG2 通过行星排式的减速器连接在齿圈上，第三代 THS 系统仍然采用两个电机和发动机作为动力源，拓扑结构上相比第一代技术增加了一套行星齿轮，第一个行星齿轮作为耦合机构，用于耦合两个电机和发动机的动力，而第二个行星齿轮作为电机 MG2 的减速机构。根据制动器、MG1 和 MG2 的不同状态，可得到不同的运转模式，如表 1-1 所示，其关键参数见表 1-2。

表 1-1 Prius 工作模式

模　式	系统工作模式		
	制动器	MG1	MG2
EV 模式	O	X	O
HEV 模式	O	不定	O
HEV 模式充电状态	O	O	O

注：O 代表工作，X 代表不工作。

表 1-2 第三代 THS 关键参数

发动机	排量/cc	1 798
	最大输出功率/(kW/r/min)	73/5 200

续 表

MG2	最大输出功率/kW	60
	最大输出转矩	207
MG1	最大输出功率/kW	40
电　池	类　型	锂电池
	额定电压/V	345.6
	容量/(kW·h)	5.2
整　车	整车质量/kg	1 390

2）通用 Volt(沃蓝达)

GM Vlot[15]是通用一款划时代的插电式混合动力汽车产品，Volt 的结构原理图如图 1－6 所示：发动机与电机 MG1 通过离合器 C2 相连，MG1 通过离合器 C1 连在行星排的齿圈上，且齿圈连在制动器 B1 上，驱动电机 MG2 连在太阳轮上，且齿圈连在减速器主动齿轮上。

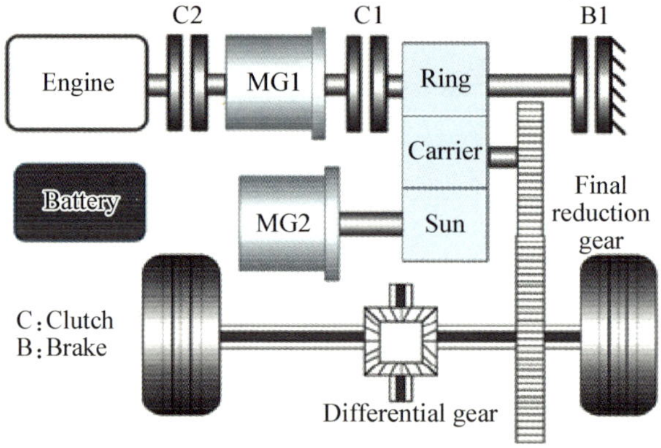

图 1－6　通用 Volt 传动系统结构原理图

Volt 的参数如表 1－3 所示，电池的容量是 16 kW·h，是插电式 Prius 的 3 倍左右，因此，Volt 有着更长的电动模式续航能力。根据离合器 C1 和 C2 的结合与分离，可以有多种工作模式，如表 1－4 所示。

表 1－3 Volt 关键参数

发动机	排量/cc	1 398
	最大输出功率/(kW/r/min)	62/4 800
MG2	最大输出功率/kW	111
	最大输出转矩	370
MG1	最大输出功率/kW	55
电 池	类 型	锂电池
	额定电压/V	360
	容量/(kW・h)	16
整 车	整车质量/kg	1 715

表 1－4 Volt 工作模式

模 式		系统工作模式				
		制动器	C1	C2	MG1	MG2
CD 模式	EV＃1	O	X	X	X	O
	EV＃2	X	O	X	O	O
CS 模式	串联模式	O	X	O	O	O
	功率分流	X	O	O	O	O

注：O 代表工作或者结合，X 代表不工作或者分离。

3）福特 Escape 使用的 FHS

福特 Escape 使用的 FHS 技术类似于丰田的 THS 技术[16,17]，其结构原理图如图 1－7 所示，方案采用行星齿轮进行动力分割，系统中包含两个交流电机，其中较小的电机在汽车启动时作为发动机启动电机，汽车行驶时作为发电机回收发动机多余的功率，另一个较大的电机则主要负责与发动机一起驱动汽车行驶，刹车时回收制动能至蓄电池。但其区别于丰田 THS 在于大电机后面带一个减速比。

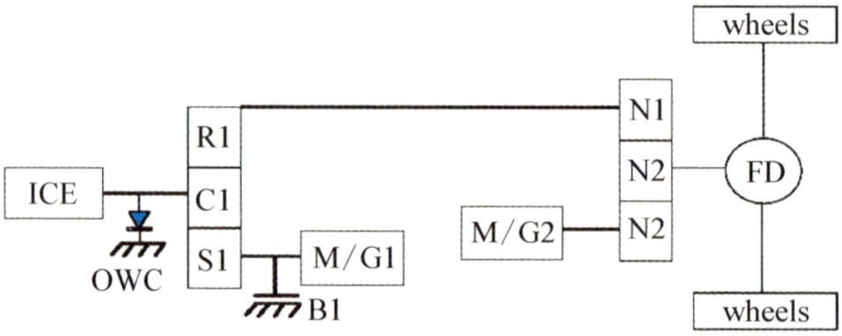

图 1-7 福特 Escape 传动系统结构示意图

4）雷诺 IVT(Infinitely Variable Transmission)

雷诺提出的一种称为 IVT[18,19]的混合动力技术，与通用双模混合动力类似，采用两套行星齿轮，两个交流电机，通过切换行星齿轮机构来实现动力分割或耦合，大油门时，两电机可同时输出扭矩，而制动时可以回馈能量，其结构原理图如图 1-8 所示。

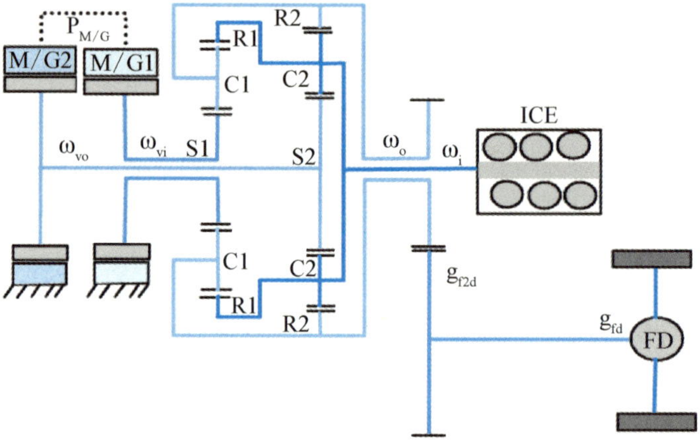

图 1-8 雷诺 IVT 传动系统结构示意图

5）慕尼黑工业大学新型混合动力传动系统

B. R. Höhn 教授提出一种电机与定轴式齿轮变速器一体化的混合动力传动系统[20]，结构示意图如图 1-9 所示，变速器采用新颖的三轴式结构，电机安装于中间轴末端，变速器一共有 4 个挡位，Z1～Z10 为各挡齿轮，

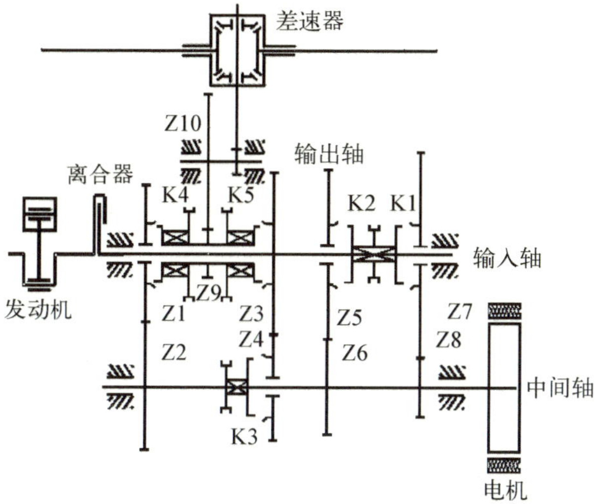

图1-9　新型并联混合动力传动方案结构示意图

电机可以通过结合同步器K1,K2或K3将转矩传递到输入轴,实现电机与发动机转矩耦合,也可以通过只结合K4将转矩传递到输出轴,因此可以通过合理的同步器切换时序,实现电机动力在变速器输入轴与输出轴之间进行切换,在离合器分离之后,可将电机动力切换到输出轴,从而方便地实现换挡动力不中断。

2. 国内有源传动装置发展概况

国内在混合动力汽车领域相对起步较晚,在专利等知识产权领域未能抢得先机,因此,在混合动力汽车研发领域受限于国外专利,难以提出创新型的功能完善而且结构紧凑的方案。一方面,受限于丰田THS、福特FHS等系统的专利,且国内行星齿轮精密加工技术薄弱,依赖进口,严重限制了大规模的普及;另一方面,考虑到国情,国内在定轴式变速器有着非常好的生产基础和技术,因此,国内汽车厂商以及国内相关高校的研究机构多采用定轴式变速器为动力耦合装置的技术方案,而真正做到变速器与电机集成一体化的方案不多见。

1）中国一汽双电机方案

该强混传动系统属于双电机双轴并联方案[21]，采用的是定轴式自动变速器 AMT 作为动力耦合机构。它一共有三个动力源，其中两个电机的转子分别通过转矩合成器与变速器的输入轴、输出轴相连，电机定子固定在变速器壳体上，与变速器集成在一起成为一种新的驱动装置，其结构示意图如图 1-10 所示。辅电机经过一级定轴齿轮减速器后安装在离合器后的变速器输入轴上，额定功率为 7 kW，电机 2 经过一级定轴齿轮减速器后安装在变速器输出轴上，额定功率为 30 kW。电机 1 主要用于快速起/停发动机、平衡电池电量 SOC 以及 AMT 换挡主动同步调速；主电机主要用于加速和极限工况时快速助力、车辆制动时回收制动能量、在 AMT 换挡时输出动力实现换挡无动力中断功能。

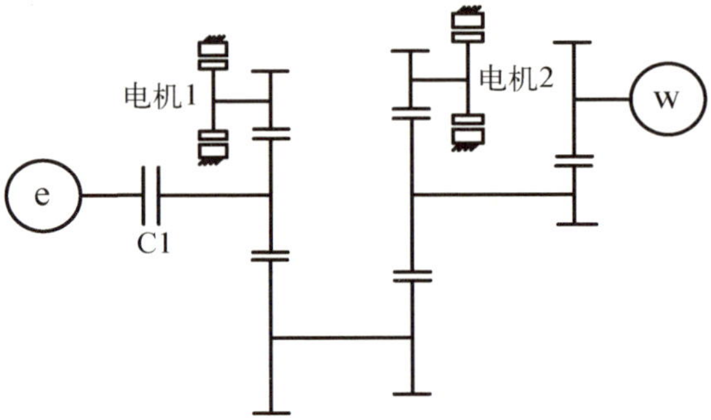

图 1-10　中国一汽混合动力系统方案原理图

2）上汽申沃客车 E_T_Driver 有源传动装置

E_T_Driver 混合动力方案采用的也是双电机单轴式方案[22,23]，其结构示意图如图 1-11 所示，该方案总共三个动力源。ISG 电机安装于离合器和发动机之间，主驱动电机经过一级行星齿轮减速器安装于变速器输出轴，变速器采用的是 AMT。ISG 电机用于发动机快速起停，但由于位于离合器之前，换挡过程中不能进行主动同步，主驱动电机用于驱动车辆以及制动回馈能量，而且换挡过程中可以实现动力不中断。

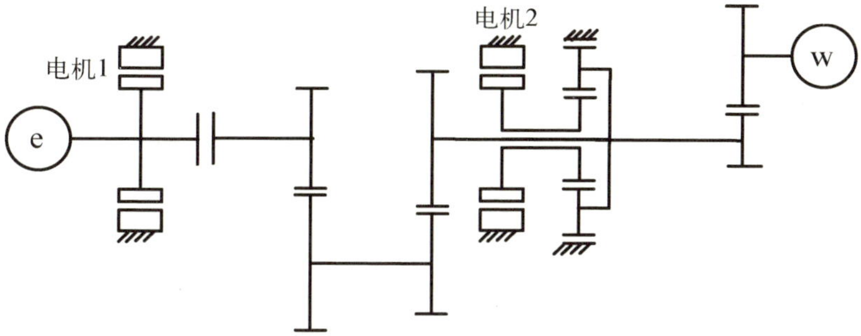

图 1-11　上汽申沃客车 E_T_Driver 混合动力系统方案原理图

1.1.4　定轴式齿轮变速器动力中断问题国内外研究现状

为了满足不断变化的工况以及提高燃油经济性，无论是手动定轴式变速器还是自动定轴式变速器，都需要频繁换挡以满足行驶性能和经济性的需求，换挡过程类似手动变速器分为 5 个过程[24]：分离离合器—摘挡—选挡—进挡—结合离合器，其示意图如图 1-12 所示。离合器的分离中断了发动机传递至车轮的动力，使得车辆输出转矩降为零甚至出现负转矩，导致车辆在换挡期间失去加速度，引起因车辆加速度突变而产生的“顿挫感”。如果离合器结合控制不好，还会造成传动系统冲击，严重影响车辆行驶的平顺性及动力性。

动力中断是定轴式变速器结构性的固有缺陷，仅仅通过控制算法的改进无法从本质上解决。双离合器自动变速器(DCT)技术的出现为传动系统带来了一种解决方案，是对定轴式变速器技术的一种升级，可以实现动力换挡，而且，换挡舒适性也得到极大的提高[25-27]，但该系统结构复杂，关键零部件对设计、加工制造技术要求非常高，导致 DCT 技术门槛以及成本很高，限制了其广泛应用的潜力。DCT 并不是解决动力中断问题的唯一途径，若能对以定轴式变速器为技术基础的传动系统进行合理的结构优化，开辟另一条动力传递路线实现换挡过程中的动力不中断，对定轴式变速器

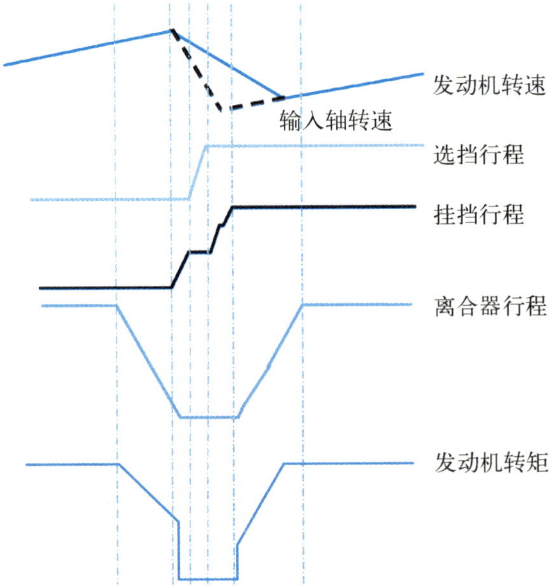

图 1－12　AMT 典型换挡过程

技术的广泛应用起着极大的促进作用。现有的解决方案根据是否增加除发动机以外的动力源可分为无源动力补偿和有源动力补偿[28]，如图 1－13 和图 1－14 所示。

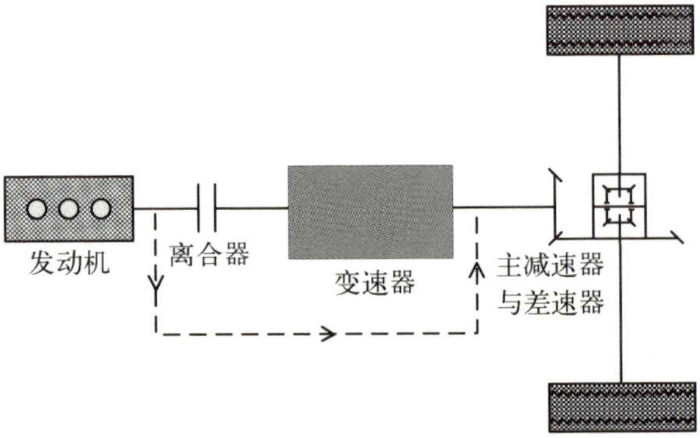

图 1－13　无源动力补偿传动方案示意图

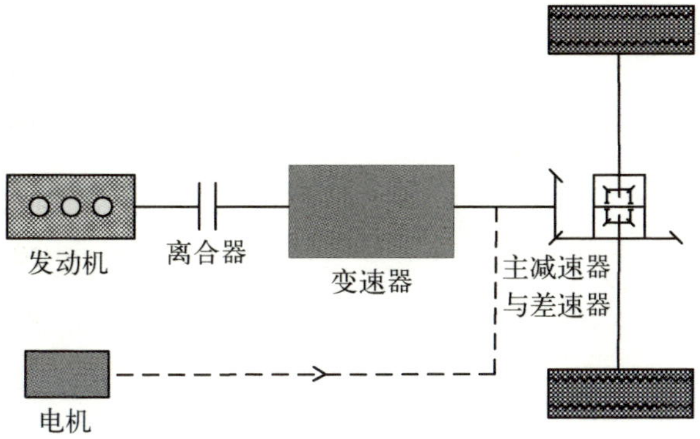

图 1-14　有源动力补偿传动方案示意图

1. 无源动力补偿方案综述

无源动力补偿通过改进传动系统结构，在换挡过程中将发动机转矩通过另外一条动力传递路线传递到车轮，实现动力不中断。

1）日立新型转矩辅助 AMT 装置

Hiroshi Kuroiwa 等人开发了一套新型的转矩辅助 AMT[29]，其机构示意图如图 1-15 所示，它仅仅在现有手动变速器的高速齿轮端增加了一个辅助离合器。为了使变速器能自动换挡，转矩辅助 AMT 采用了 3 种执行机构：一种用来控制原有离合器，一种用来控制选、换挡齿轮，还有一种用

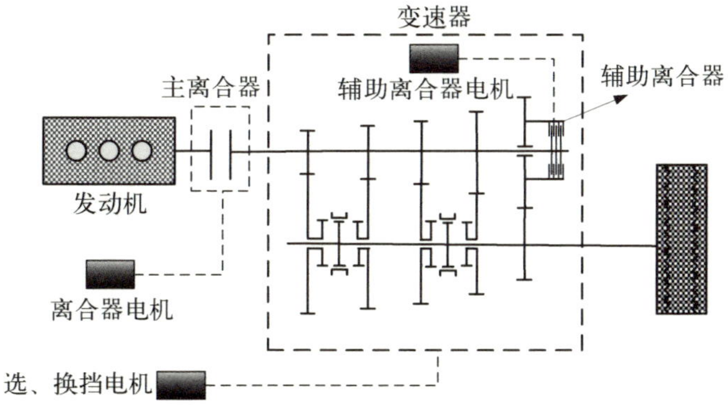

图 1-15　转矩辅助 AMT 结构示意图

于控制辅助离合器。执行机构采用电机驱动方式。

由示意图可知，变速器共有 5 挡，其中一至四挡为行车挡，五挡为转矩补偿挡。换挡过程中，通过结合辅助离合器，从而开辟第 2 条动力传递路线，经过第五挡将发动机动力传递到车轮，弥补换挡过程中的动力中断。

因此，换挡过程中，传递到车轮的转矩为

$$T_{tire} = T_e i_5 i_0 \tag{1-7}$$

式(1-7)中，T_{tire} 为车轮驱动转矩，T_e 为发动机转矩，i_5 为 5 挡速比，i_0 为主减速器速比。

以一挡换二挡为例，换挡过程中车轮上的转矩图如图 1-16 所示。

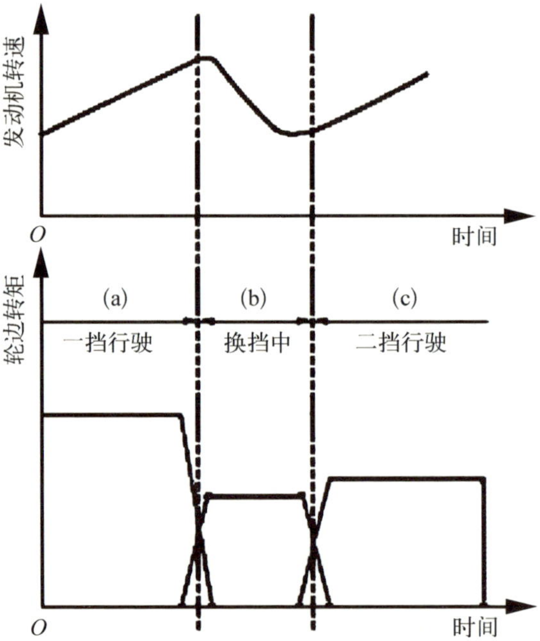

图 1-16　转矩辅助 AMT 换挡过程车轮驱动转矩图

该方案通过在高挡增加一个辅助离合器实现换挡动力不中断，结构紧凑，改装成本低，但对控制要求比较高，特别对同步器切换与离合器切换时序配合控制要求很高，否则容易引起传动系统干涉。

2）LuK 动力不中断自动变速器

LuK 公司基于 AMT 的混合动力传动系统开发出换挡动力不中断变速器[30]，结构如图 1－17 所示。该传动方案类似 DCT 的“双离合器系统”，采用两个离合器，一个起步离合器，一个换挡离合器，并且两离合器采用一个执行器，换挡过程中无需分离起步离合器，两离合器转矩特性如图 1－18

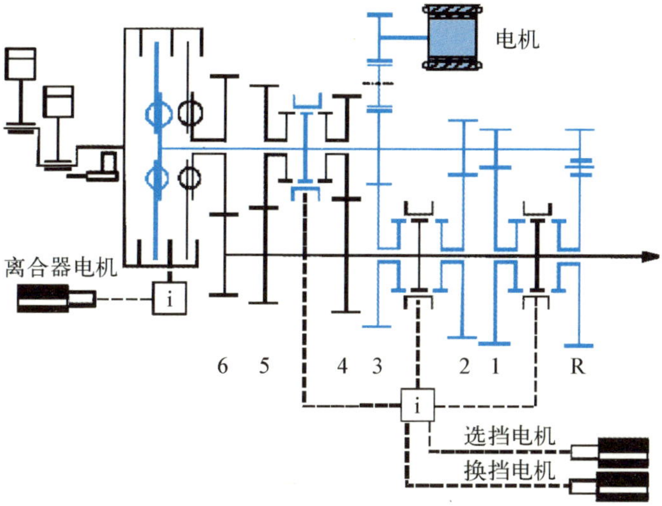

图 1－17　LuK 动力不中断 AMT 结构示意图

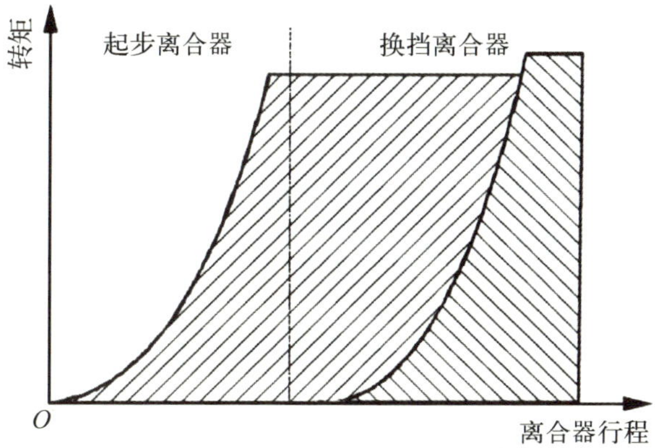

图 1－18　起步和换挡离合器传递转矩特性曲线

所示；变速器一共分为6挡以及倒挡，其中一至五挡为行车挡，六挡为换挡动力不中断专用挡，电机与变速器输入轴进行动力耦合。

该方案通过增加一个离合器，实现换挡过程中将发动机转矩直接经过六挡传递到输出轴，该方案是上述日立转矩辅助AMT的升级版，将起步离合器与换挡离合器集成在一起，采用同一个执行器作功，使系统更加集成化，控制也相对简单。

3）DTI公司的动力换挡AMT

DTI公司在传统AMT传动系统基础上开发出动力换挡AMT[31]，结构示意图如图1-19所示，该方案采用连接了惯性飞轮的行星齿轮动力分流机构，加装在基于传统AMT的传动系统中，其中行星齿轮组安装于发动机与变速器输出轴之间，发动机与齿圈相连，惯性飞轮与太阳轮相连，变速器输出轴与行星架相连，太阳轮与惯性飞轮的连接轴上装有制动器。其原理是通过行星齿轮机构实现另一条转矩传递路线，换挡过程中当制动器结合时，发动机可将动力通过行星齿轮传递到车轮，从而实现动力换挡，同时，惯性飞轮可起到稳定传动系统转矩的作用，提高行驶平顺性。换挡过程与传统AMT车辆加速度对比曲线如图1-20所示。此外，行星齿轮机构在锁止太阳轮后还可充当一个更高挡的超速挡，有助进一步提高车辆的燃油经济性。

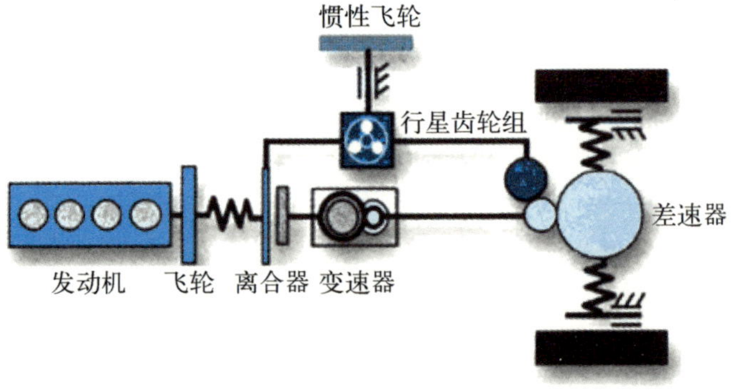

图1-19　DTI动力换挡AMT结构示意图

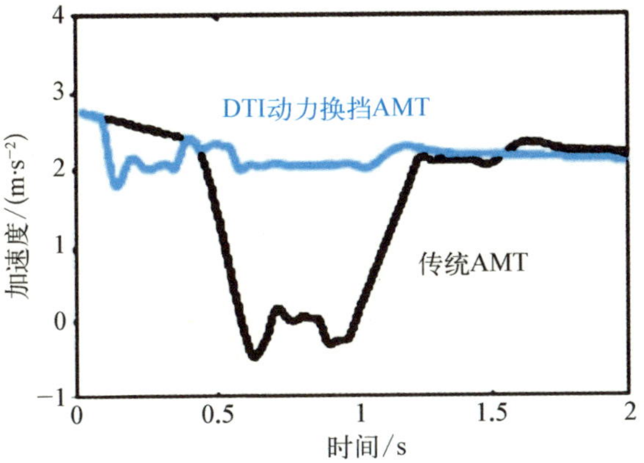

图1-20 动力换挡AMT与传统AMT换挡过程转矩比较曲线

2. 有源动力补偿方案

有源动力补偿利用第二动力源如电机、飞轮等，将其动力通过另一条动力传动路线输出到车轮，从而实现在换挡过程中动力的不中断传递。与无源动力补偿相比，有源动力补偿灵活性更强，控制也更为容易和精确。上文中提到的中国一汽混合动力方案、上汽申沃客车E_T_Driver混合动力装置以及慕尼黑工业大学新型混合动力传动系统都属于有源动力补偿方案。

1）福特动力补偿并联混合动力传动系统

福特公司在基于AMT的传动系统基础上增加一条由电机传递到半轴的动力传递路线，开发出动力补偿并联混合动力传动方案[32]，结构示意图如图1-21所示。

电机通过一对减速齿轮与电机离合器相连，并通过安装在半轴上的锥形齿轮将动力传递到车轮，电机离合器可以根据传动系统的要求在纯发动机模式、纯电动模式以及混合动力模式之间进行切换，纯电动还可以弥补在换挡过程中动力中断的缺陷，有效提高行驶平顺性，换挡过程半轴转矩的仿真与实车测试曲线如图1-22所示。该方案优点是可以保留原车传动系统而不做大的改动，缺点是系统集成性差，安装空间需求大。

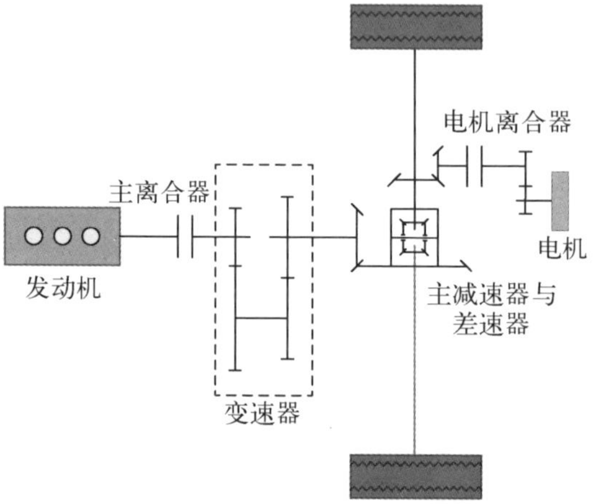

图 1－21　福特动力补偿并联混合动力传动系统示意图

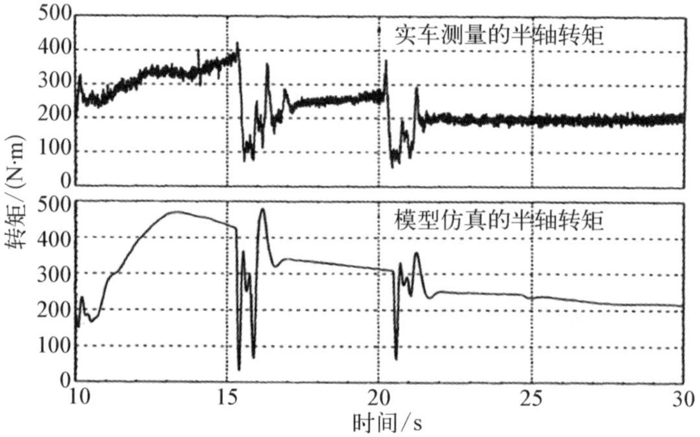

图 1－22　动力补偿方案半轴仿真与实车测试转矩值图

2）功率分流动力补偿 AMT

混合动力是未来传动系统的一种趋势，电机与定轴式齿轮变速器的耦合方式是一种技术门槛相对较低、成本也较低的耦合方案。电机可以安装于变速器输入轴和输出轴，前者可以利用变速器的传动比，有效调节发动机工作区域以提高燃油经济性，但无法弥补动力中断的缺陷；后者可以一定程度上解决动力中断问题，但电机转矩需求大，利用率低。一种采用行星齿轮的传动方案将电机转矩同时传递到变速器输入轴和输出轴以弥补

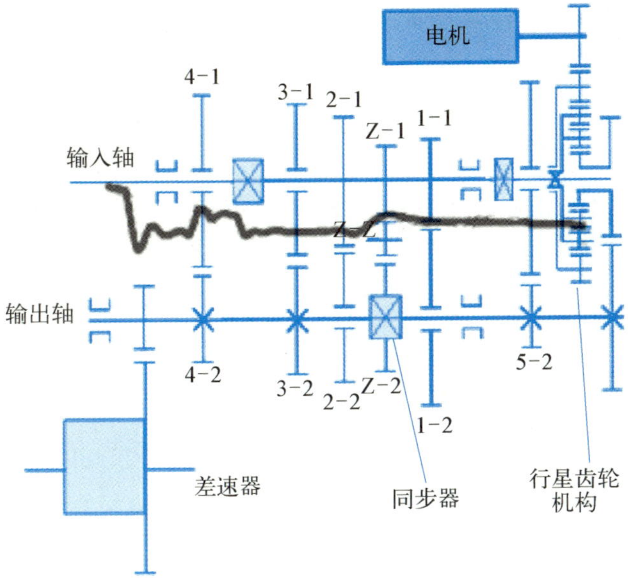

图 1-23　功率分流 AMT 结构示意图

以上两种方案的缺陷的结构示意图如图 1-23 所示。

电机通过行星齿轮安装于输入轴末端，电机与齿圈相连，行星架与输入轴相连，而输出轴与太阳轮相连，通过行星齿轮转矩分流可将 35%转矩传递到输入轴，65%转矩传递到输出轴。换挡过程中可将 65%转矩传递到输出轴从而实现动力不中断。

换挡过程中，传递到车轮的转矩为

$$T_{tire} = 0.65 T_m i_p i_0 \tag{1-8}$$

3）飞轮动力补偿 AMT

意大利学者 E. Galvagno 等人提出一种通过飞轮来补偿动力中断的 AMT[33]。该装置通过在发动机输出轴与变速器输出轴之间安装飞轮以及一套行星齿轮机构来连接传动系统，系统结构示意图如图 1-24 所示。汽车加速过程中，可将一部分动力储备到飞轮当中，在换挡过程中，可将储备的动力释放出来，通过行星齿轮将发动机和飞轮动力传递到变速器输出轴,实现换挡过程动力不中断,匀速行驶工况和加速行驶工况下的转矩流图如图 1－25 所示。

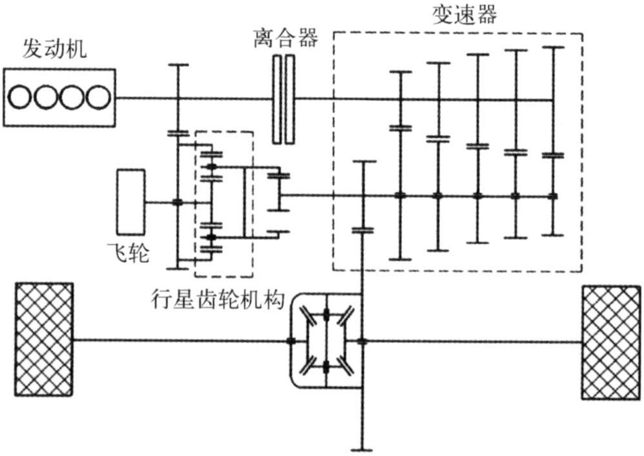

图 1－24　飞轮动力补偿 AMT 机构示意图

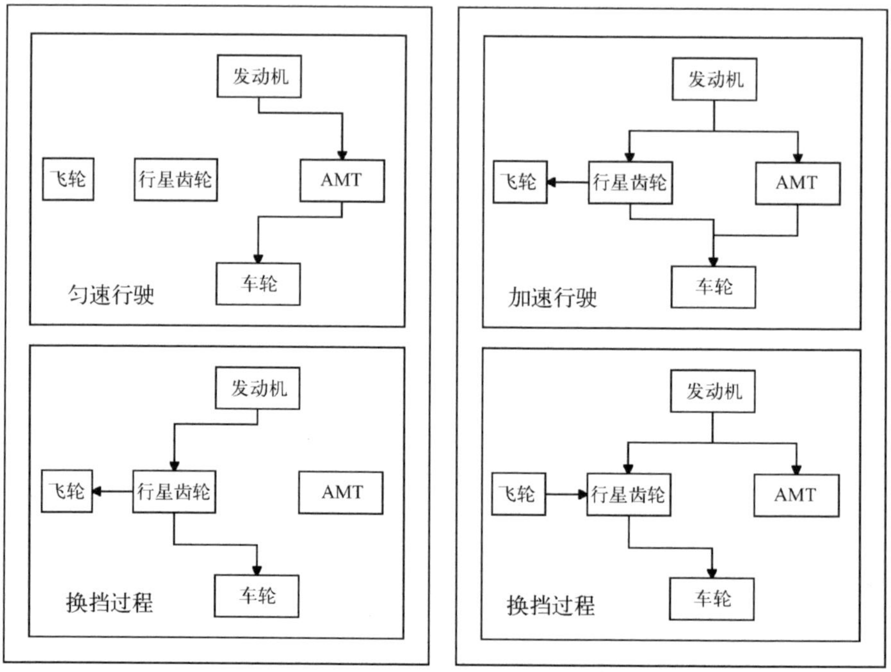

(a) 匀速行驶　　(b) 加速行驶

图 1－25　不同工况转矩流图

1.1.5　课题来源

本课题来源于同济大学校企联合项目“新型混合动力用有源传动装置合作开发”。

1.1.6　研究目的及意义

目前，有关有源传动装置的概念设计方案及产品类型众多，如丰田的行星齿轮式、本田的发动机—电机同轴式、通用的双电机—双行星齿轮式、伊顿的商用车 AMT 定轴齿轮式、Nissan 的双电机—CVT 式等。但是，这些既有的有源传动装置概念设计的创新程度及成功与否，很大程度上依赖于开发设计人员各自的知识、经验和技术积累。在有源传动装置概念设计过程中，实际上还缺乏一些创新设计理论与评价方法的有力支撑。另一方面，有源传动装置各动力驱动单元及各变速器挡位之间的动力切换，一般采用电控离合器、同步器或接合齿套等多种形式的有源传动、分离元件，但如何积极发挥混合动力汽车有源传动装置中基于驱动电机调速的有源同步控制功能，以减少离合器滑磨功损失、降低同步器或接合齿套的结合冲击，缩短动力耦合切换时间，改善换挡品质，提高动力性，还需要结合混合动力汽车有源传动装置概念设计的具体技术方案，在控制理论和方法上开展有针对性的深入研究。同时，动力中断是定轴式变速传动系统的一个固有缺陷，它影响车辆动力性及舒适性，而混合动力方案中电机的引入为解决动力中断带来可能，但目前利用定轴式有源传动方案来解决 AMT 动力中断缺陷的研究开发实例还很少见。因此，通过有源传动系统概念设计方法及相关控制策略的深入研究，可以为解决动力中断问题带来新的技术途径。

本课题以定轴式有源传动装置为研究对象，拟从机电一体化系统概念设计的角度，探索混合动力汽车有源传动装置概念设计创新的理论和评价方法。具体来说，可将现代设计方法学中的功能分析设计法等引入混合动力汽车有源传动装置的功能分析与概念设计过程，对各种既有有源传动装置概念设计案例开展功能分析、对比和理论归纳；按照总功能分析、功能分解、功能求解、功能综合、系统评价等设计步骤，结合图论和机构结构创新的一些方法和技巧，构建混合动力汽车有源传动装置概念设计创新的理论和方法；进而，提出若干新型定轴式有源传动装置概念设计技术方案，并通过系统建模及控制方法的理论研究、仿真分析和实验研究，构建混合动力汽车有源传动装置有源同步协调控制技术的基础平台，并在此基础上寻求解决动力中断等问题的控制方法。

本课题成果可为定轴式有源传动装置的概念设计创新及系统评价提供具有一定支撑作用的基础理论和关键技术，为解决定轴式传动装置存在的固有缺陷即动力中断提供紧凑的解决方案，从而促进相关技术领域的自主创新和技术进步。

1.2 研究内容

本书以定轴式有源传动装置为研究对象，从传动系统的本质出发，将有源传动装置的基本组成元素进行抽象，运用机械创新设计法中的形态分析法对有源传动装置的拓扑结构进行系统性和创新型的设计，搜索出符合设计需求的最佳方案；通过形态分析法，选出可以解决动力中断的方案，做了详细的动力学分析以及动力学建模，提出了适合该方案的控制方法即离合器不分离换挡控制和动力不中断控制，为调速控制开发了基于极小值原理的最优控制算法，并通过离线仿真和台架试验进行验证。本研究的技术路线如图 1-26 所示，有源传动装置是一个机电一体化的复杂系统，包括拓扑结构设计、高性能集成电机设计、高性能执行机构设计、变速器与驱动电机加工制造、控制算法开发、高性能集成控制器开发以及方案验证等，本

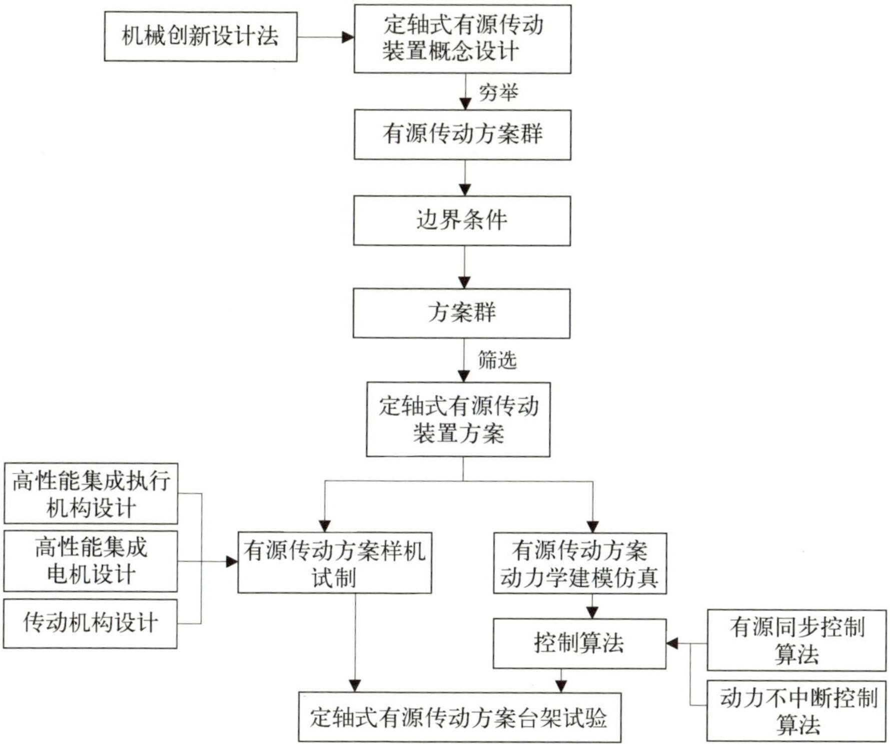

图 1－26　本课题技术路线

书将重点论述拓扑结构设计研究、控制策略开发以及离线仿真验证和台架试验验证。

本书将分以下章节分别进行叙述。

第 2 章介绍机械创新设计理论中的形态分析法在定轴式有源传动装置拓扑结构中的运用，首先将传动系统进行分解，分解为各个基本组成元素并进行抽象，运用排列组合原理进行穷举法，并借用图论理论去掉同构的部分，并通过约束条件去掉不符合机械设计原理和干涉的方案，最后通过加工的难易、空间尺寸和润滑等约束条件进行主观评判，选取满足设计要求的最佳方案。

第 3 章重点介绍本文选取的有源传动方案 EMT 的工作原理以及不同

工作模式，在此基础上，选取离合器不分离换挡和动力不中断换挡两个重点瞬态过程作为重点研究对象，并分别介绍了两个瞬态过程的控制原理。随后建立了以发动机、有源传动装置和整车等为关键部件的子系统模型，并对两个瞬态过程进行了动力学分析，建立各自的传动系统模型，为离线仿真搭建仿真平台。

第 4 章重点介绍离合器不分离换挡和动力不中断换挡过程两个重点瞬态过程的控制算法。算法包括关键部件子系统的单独算法，提出了离合器不分离换挡过程中，基于极小值原理的最优控制算法的同步器主动端惯量调速控制算法；同时，在动力不中断换挡过程中，提出了电机和发动机进行相互动力补偿的动力匹配法。还包括系统级的控制算法，并结合第 3 章的模型进行了离线仿真验证，同时对仿真结果进行详细分析。

第 5 章重点介绍台架试验研究，在离线仿真的基础上进一步进行基于台架的试验验证，并对台架试验结果进行了详细的分析和总结。

第 6 章总结了本文研究工作以及成果并提出进一步研究的展望。

第2章 基于形态分析法的定轴式有源传动装置拓扑结构设计

2.1 传动系统拓扑方案设计研究现状

有源传动装置的拓扑结构设计是有源传动系统设计的关键技术之一，其拓扑结构类型直接决定了系统的功能。目前，有关有源传动装置的概念设计方案及产品类型众多，如丰田的行星齿轮式、本田的发动机-电机同轴式、通用的双电机-双行星齿轮式、伊顿的商用车 AMT 定轴齿轮式、Nissan 的双电机—CVT 式等。但是，这些既有有源传动装置概念设计的创新程度及成功与否，很大程度上依赖于设计师的经验、灵感和知识技术积累，采用试凑法，缺乏理论基础，没有一种系统化、自动化设计方法作为方案设计的指导，容易遗漏最佳设计方案。

不同结构的有源传动系统将导致 HEV 的适用条件和使用要求各不相同，开发的难度也相差很大。有源传动装置按结构形式可以分为固定轴齿轮式和行星齿轮式两种[34]。国内外学者对行星齿轮式的有源传动方案设计做了部分研究，文献[35－39]针对行星齿轮系拓扑图模型及其传动方案进行了综合研究。而针对定轴式有源传动装置方案设计的研究很少，研究成果也鲜见于国内外文献中，仅有文献[40]初步提出了复杂定轴轮系的基于拓扑图的抽象模型，并对某一给定复杂定轴轮系进行了动力传动路径分析，但该轮系相对简单，与车用定轴轮系相比部件还不够齐全，并且距离轮系方案设计还很远。目前，对于定轴式机电耦合装置的齿轮机构传动方案设计大体相似，要么将第二动力源驱动电机置于变速器输入端，要么置于变速器输出端，只将电机和变速器进行简单的组合，而未将电机和变速器作为一个系统来考虑，更缺少针对定轴式有源传动装置的系统化的方案设计理论支撑。

定轴式有源传动装置拓扑结构设计涉及齿轮、轴和同步器等部件的组合，属于典型的机械产品方案设计，机械产品的主要功能是实现机械能的转换和运动的变换。因此，机械产品设计方案的核心部分是由各种各样机构组合而成的，机构创新设计是机械产品创新设计的重要内容，努力实现结构创新，就是用新颖的机构设计实现机械产品的特定功能，这是实现具有自主知识产权产品研发的主要途径。创新也是有规律可循的，按照创造原理，机构的创新技法可分为问题引导型、矛盾转化型、系统分析型、系统综合型、交流激励型以及最优选择型[41]。

形态分析法属于系统分析型中的一种具体创新技法。形态分析法是一种系统化构思和程式化解题的发明创造方法。形态分析法是将研究对象视为一个系统，通过系统分析方法将其分解为相对独立的子系统，各子系统所实现的功能称为基本元素，实现各子系统功能的技术手段称为基本形态，通过排列与组合方法可以得到多种可行解，经过筛选可从中确定系统的最佳方案。机构的结构综合是指独立输入量已知的情况下，综合出机构的拓扑结构，包括自由度数、运动空间类型、构件数、连接类型、连接数、运动链目录以及机构结构目录等。它的实施步骤如下：① 确定自由度数；② 选择运动空间类型；③ 决定连接类型；④ 求出构件和连接数目；⑤ 综合运动链目录；⑥ 综合机构结构目录。其中，前三步为类综合，后三步为数综合。

形态分析法可以将基本元素通过排列组合的方式，应用穷举法并通过类综合和数综合得到方案群，穷举法的好处是能够得到完整的方案群，排除了方案遗漏的可能性，但带来的难点是方案群数量庞大，方案群中存在大量拓扑结构不同但功能一样的方案，也称为同构方案，同时还存在大量机械上有干涉或者无效的方案，因此，如何从方案群中剔除同构、干涉和无效方案是一大难点。

随着现代计算机技术的迅猛发展，图论已成为研究工程技术、自然科学甚至社会科学的一种有效的分析工具。这得益于图论中的图形能够简洁直观地描述和分析任何一种包含某种二元关系的系统；另一方面，图论中的图形也很好地为研究二元系统提供了图形模型。源于此，众多研究者将图论思想应用于机械系统的轮系，并试图用图论方法研究轮系。1970年，Buchsbaum 和 Freudenstein[42] 首先将图论思想引入轮系，提出轮系运动结构的图形表示法(Graph representation)，目的是用“图”研究轮系结构综合。图形表示法能够简洁直观地反映轮系结构系统的拓扑关系，但是，图形在构件数较多时，不能够解决同构问题，而且图中尚未明确轮系的整体结构特点；同时提出的还有功能表示法(Functional representation)、示意表示法(Schematic representation)。后来 Freudenstein 针对同构问题提出旋转图(Rotation graph)，并利用布尔算法成功解决图与轮系结构的映射关系。1987 年，Tsai[43] 建立链接特征多项式判定旋转图同构，并成功解决了二自由度周转轮系的结构综合问题，得到许多新颖的周转轮系机构。可以看出，图论在轮系研究中的应用主要集中于：如何更好地解决图的同构问题，进行轮系结构的创新与综合研究。基于图论思想，图形能够简单直观地反映轮系结构特征系统的拓扑关系，有利于进行轮系结构的创新和综合；能够明确清楚的表示轮系的状态特征系统，有利于进行轮系传动性能系统的研究；亦可以将轮系完整的结构特征及状态特征明确的反映于同一图形模型，有利于进行轮系系统化的研究。

机械创新技法中的形态分析法是一种系统搜索方法[41]，用来探求一切可能存在的组合方案，属于“穷尽法”。形态分析法的核心是将机械系统分解成若干个逻辑上彼此独立的组成因素，然后用网络图解的方式或形态学矩阵的方式进行排列组合，以产生满足条件的系统方案或创新设想。本书基于形态分析法，针对定轴式有源传动装置，提出了一套系统化设计其传动方案的方法。

2.2 定轴式有源传动装置拓扑图模型建立

由于本书研究的对象采用的是定轴式变速器作为基础变速器，因此，本书将采用定轴式变速器的定轴式有源传动装置，也简称为 EMT(Electrified Manual Transmission)。形态分析法的第一要点是将研究对象分解成若干组成元素，通过排列组合的方式得到方案群。定轴式有源传动装置主要包括定轴式变速器以及驱动电机，通过功能分解可以把有源传动装置分为轴、空套齿轮、齿轮副和同步器，此处的轴并不单纯的指代轴，还包括与轴连为一体的固连齿轮；固连齿轮可看作轴的一部分，因此空套齿轮可以看作一个单独的元素；而空套齿轮与轴都是通过齿轮副连接，因此齿轮副连接方式应作为一个组成元素；同步器是变速器的一个重要部件，其主要功能是将轴与同步器两端的两个挡位进行切换，因此，同步器的连接方式应作为一个组成元素。

图论中的拓扑图是由若干给定的点及连接两点的线所构成的图形，这种图形通常用来描述某些事物之间的某种特定关系，用点代表事物，用连接两点的线表示相应两个事物间具有这种关系[37]。文献[40]提出了定轴轮系的无向图模型，用点表示轴及固连齿轮，实线表示齿轮啮合，虚线连接表示同一根轴上通过离合器相连的两个齿轮，同一根轴线上所有齿轮画在一个方框内，如图 2－1 所示，有效地将定轴轮系的结构特点、层次关系和逻辑关系表现出来，但该轮系与车用轮系有一定差异，没有同步器和空套齿轮关键部件，而且缺少有源传动装置中的电机。

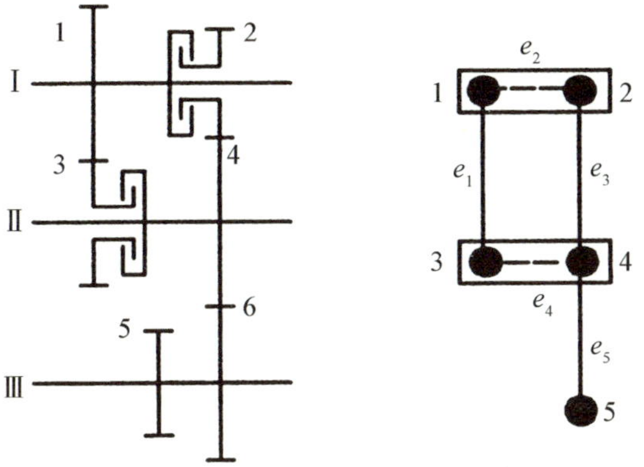

(a) 传动路线　　(b) 图论表示的传动路线

图 2－1　定轴轮系无向图模型

因此，本书在此基础上对有源传动装置中的轮系进行功能完善，将定轴齿轮系中的构件以及构件之间的连接关系抽象成拓扑图中的点和线，二者的转换关系如下：

（1）用实心圆表示齿轮轴构件，空心圆表示空套齿轮构件；

（2）齿轮副连接用实线表示；

（3）同步器作为一种连接方式，用虚线表示；

（4）所有相同回转中心的构件置于同一水平线上。

如图 2－2 所示的某一定轴轮系结构简图，轮系中包含齿轮组、轴、空套齿轮以及同步器，其所对应的拓扑图可表示成如图 2－3 所示的形式。

对于同一个轮系结构，可以有多种拓扑图模型表述方法。文献[44]认为，一个成功的拓扑图模型必须要满足以下 4 个方面的信息：

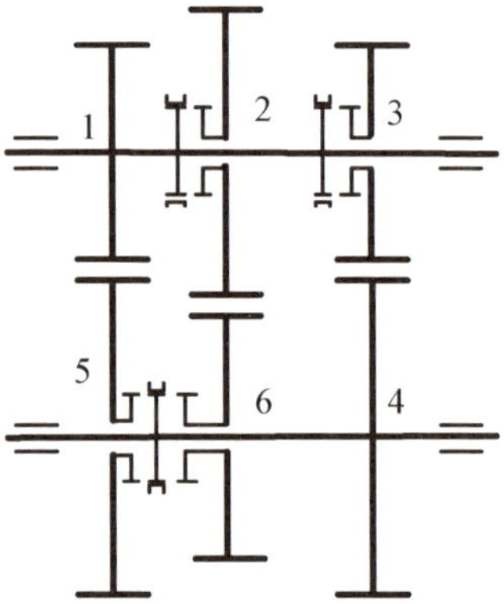

图 2-2　定轴轮系结构图

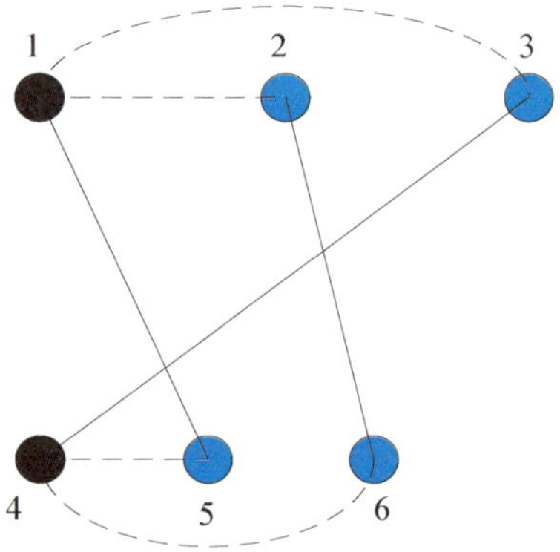

图 2-3　定轴轮系拓扑图

(1) 构件信息：图形中所定义的多色点能否较清晰地反映实物。本书所提的拓扑图模型中用实心圆和空心圆来区别齿轮轴和空套齿轮构件，构件表述清晰。

(2) 层次信息：构件间层次是否明显，即在图形中不同构件所对应的点应依据某些规律分层排列。本书所提的拓扑图模型中不同回转中心代表不同层次。

(3) 逻辑信息：构件间的相互关系表示是否明确。本书所提的拓扑图模型中用实线和虚线区别齿轮副和同步器连接，构件间的相互关系表示明确。

(4) 同构信息：通过图形理论能否较好地判断模型的同构性。通过邻接矩阵可以判断模型的同构性。

综上可知，本书所提出的拓扑图模型能够较完整地描述对应的轮系结构。

2.3　机构变量与约束条件的分析

2.3.1　机构变量

描述一个有源传动装置传动方案的独立机构变量包括：① 挡位数 N；

② 电机连接形式，即电机与输入部分常连、与输出部分常连以及电机单独成一个自由度；③ 总自由度数 n_DOF（不结合同步器）；④ 齿轮轴数 n_axis；⑤ 齿轮副数 n_GP；⑥ 同步器数 n_syn；⑦ 空套齿轮和同步器的布置；⑧ 不同工作模式和挡位下各同步器的结合状态。前 6 个机构变量称为结构参数变量。

2.3.2　可行性条件与相容性约束

1. 可行性条件

为实现机构的功能，应满足一定的功能条件；考虑到机构在实际制造加工过程中的难度，应满足一定的实际结构约束条件。这两类约束条件组成传动方案系统化设计的可行性条件，具体内容如下。

（1）功能条件：① 实现 N 挡传动；② 实现混合动力功能，电机能通过同步器与输入或输出相连，而且电机不与输入或输出常连接；③ 换挡过程动力不中断，因此，将电机构件与输出构件连接的同步器需独立于挡位同步器。由上述三个条件，可得

$$n\_DOF \geqslant 3 \tag{2-1}$$

$$n\_syn \geqslant N+1 \tag{2-2}$$

（2）实际结构约束条件：① 同步器连接两构件只能是齿轮轴和与其同回转中心的空套齿轮；② 同一回转中心有且仅有一个齿轮轴；③ 不允许双联及以上多联齿轮出现。由上述条件可得

$$n\_syn \leqslant n\_gear \tag{2-3}$$

由齿轮系平面结构自由度公式（空套齿轮数为 n_gear）为

$$(\text{构件数}-1)\times 3-(n\_gear+n\_axis)\times 2-(n\_GP+n\_syn)\times 1=n\_DOF \tag{2-4}$$

其中

$$构件数 = n\_gear + n\_axis + 1 \tag{2-5}$$

可得

$$n\_gear = n\_DOF + n\_GP - n\_axis \tag{2-6}$$

结合式(2-2)、式(2-3)和式(2-6)可得

$$N + 1 \leqslant n\_syn \leqslant n\_DOF + n\_GP - n\_axis \tag{2-7}$$

即

$$n\_GP \geqslant n\_axis + N + 1 - n\_DOF \tag{2-8}$$

2. 相容性约束

针对 EMT 的机械传动效率、切换挡位时的操作方便性、整体尺寸以及制造加工和安装的难度,在上述可行性条件下可再制定下列 4 个相容性约束:① 任何挡位下从输入到输出的齿轮传动不超过一级;② 电机构件到输入构件和输出构件的齿轮传动级数都不超过两级;③ 电机到输入部分和输出部分且独立于变速机构的传动路径均最多 1 条,且不同途径之间切换只需断开和结合一个同步器;④ 齿轮轴数不超过 3;⑤ 不存在传递末梢构件[只与一条连接途径(齿轮副、同步器)相连];⑥ 任意两个挡位间切换时需要断开和结合的同步器都不超过 2 个。

当所有挡位以及电机到输入输出对应的传递路径相互独立,且传动级数均最大时齿轮副数最大,由上述条件①,②及③可得

$$n\_GP \leqslant N + 4 \tag{2-9}$$

由上述条件③可得

$$n\_DOF \leqslant N + 3 \tag{2-10}$$

上述条件④可表示成

$$2 \leqslant n\_axis \leqslant 3 \tag{2-11}$$

2.4　邻接矩阵及其应用

2.4.1　连接关系邻接矩阵和传动关系邻接矩阵

邻接矩阵是表示图画顶点之间拓扑构造的有效工具，可以实现齿轮系构造关系的数学化，即表示顶点之间相邻关系的矩阵[38]。一般所说的邻接矩阵指的是反映连接关系的邻接矩阵 J，可表示为

$$\boldsymbol{J}(i,\ j)=\boldsymbol{J}(j,\ i)=\begin{cases}k, & \text{当 } i \text{ 和 } j \text{ 对应的两构件之间存在 } k \text{ 个连接副；}\\ 0, & \text{当 } i \text{ 和 } j \text{ 对应的两构件之间没有连接副。}\end{cases} \tag{2-12}$$

为分析定轴轮系工作时输入构件到输出构件之间的动力传递路径，本书构造了传动关系邻接矩阵 $\boldsymbol{G}$，它反映了各构件之间的传动比信息，可表示为

$$\boldsymbol{G}(i,\ j)=\frac{1}{\boldsymbol{G}(j,\ i)}=\begin{cases}k_{ij}, & \text{当 } i \text{ 和 } j \text{ 对应的两构件间有传动比为 } k_{ij} \text{ 的齿轮副；}\\ 1, & \text{当 } i \text{ 和 } j \text{ 对应的两构件间是同步器连接传动；}\\ 0, & \text{当 } i \text{ 和 } j \text{ 对应的两构件间是转动副连接或没有传动副。}\end{cases} \tag{2-13}$$

构件在以上两种邻接矩阵中对应位置的排列是从上至下、从左至右、先齿轮轴后空套齿轮的顺序排列的。以如图 2-4 所示的齿轮连接方案为例，对应的连接关系邻接矩阵如图 2-5 所示，传动关系邻接矩阵如图 2-6 所示。

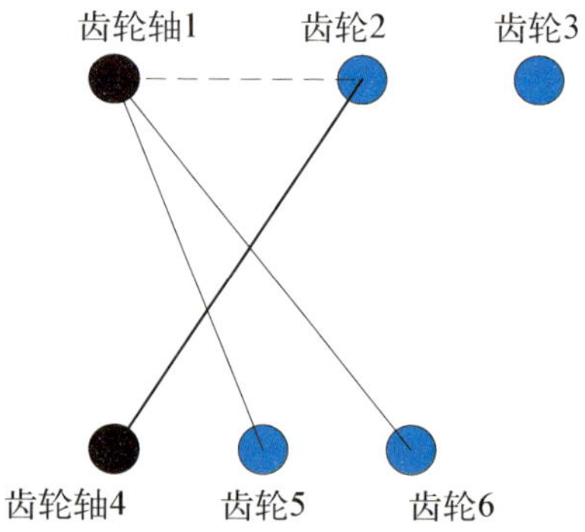

图 2-4　结合一个同步器的齿轮连接图

	齿轮轴 1	齿轮 2	齿轮 3	齿轮轴 4	齿轮 5	齿轮 6
齿轮轴 1	0	1	1	0	1	1
齿轮 2	1	0	0	1	0	0
齿轮 3	1	0	0	0	0	0
齿轮轴 4	0	1	0	0	1	1
齿轮 5	1	0	0	1	0	0
齿轮 6	1	0	0	1	0	0

图 2-5　对应图 2-4 的连接关系邻接矩阵

	齿轮轴 1	齿轮 2	齿轮 3	齿轮轴 4	齿轮 5	齿轮 6
齿轮轴 1	0	1	0	0	k_{15}	k_{16}
齿轮 2	1	0	0	k_{24}	0	0
齿轮 3	0	0	0	0	0	0
齿轮轴 4	0	$1/k_{24}$	0	0	0	0
齿轮 5	$1/k_{15}$	0	0	0	0	0
齿轮 6	$1/k_{16}$	0	0	0	0	0

图 2-6　对应图 2-4 的传动关系邻接矩阵

2.4.2　基于传动关系邻接矩阵分析动力传递路径

传动关系邻接矩阵 $\boldsymbol{G}$ 中包含对应系统的动力传递路径的信息，也称一阶传动关系邻接矩阵，则 $\boldsymbol{G}^k$ 中的$(i,\ j)$元素包含该拓扑图中经过 k 次运动副的从第 i 个构件 x_i 到第 j 个构件 x_j 的动力传递路径的信息[45]，同时也等于这两个构件之间经过 k 次运动副的传动比。图 2－6 所示的矩阵为 $\boldsymbol{G}$ 的一次方，因而表示经过一次运动副的路径的信息。

图 2－7 所示的矩阵为将对角线元素置零后的 $\boldsymbol{G}^2$，称为二阶传动关系邻接矩阵。由于 $\boldsymbol{G}$ 是对称矩阵，可知 $\boldsymbol{G}^2$ 中的非对角线元素(i, j)等于 $\boldsymbol{G}$ 中第 i 行和第 j 行元素的乘积之和，表示 i 和 j 两个构件经 2 次运动副的传动比。其中，乘积为 k_{ij} 代表 $1\times k_{ij}$，即该传递路径经过同步器和构件 i 和 j 之间的齿轮副的两次运动副；元素为 $k_{i1,\ j1}\times k_{i2,\ j2}$ 代表该传递路径经过构件 $i1$ 和 $j1$ 之间与构件 $i2$ 和 $j2$ 之间的两次齿轮运动副。

$$\begin{bmatrix} 0 & 0 & 0 & k_{24} & 0 & 0 \\ 0 & 0 & 0 & 0 & k_{15} & k_{16} \\ 0 & 0 & 0 & 0 & 0 & 0 \\ 1/k_{24} & 0 & 0 & 0 & 0 & 0 \\ 0 & 1/k_{15} & 0 & 0 & 0 & k_{16}/k_{15} \\ 0 & 1/k_{16} & 0 & 0 & k_{15}/k_{16} & 0 \end{bmatrix}$$

图 2－7　二阶传动关系邻接矩阵

图 2－8 所示的矩阵为 $\boldsymbol{G}^3$，可以看作是对称矩阵 $\boldsymbol{G}^2$ 与 $\boldsymbol{G}$ 的乘积，其非对角线元素(i, j) 等于 $\boldsymbol{G}^2$ 的第 i 行和 $\boldsymbol{G}$ 的第 j 行元素的乘积之和。

$$\begin{bmatrix} 0 & 4 & 0 & 0 & 3\times k_{15} & 3\times k_{16} \\ 4 & 0 & 0 & 2\times k_{24} & 0 & 0 \\ 0 & 0 & 0 & 0 & 0 & 0 \\ 0 & 2/k_{24} & 0 & 0 & k_{15}/k_{24} & k_{16}/k_{24} \\ 3/k_{15} & 0 & 0 & k_{24}/k_{15} & 0 & 0 \\ 3/k_{16} & 0 & 0 & k_{24}/k_{16} & 0 & 0 \end{bmatrix}$$

图 2－8　传动关系邻接矩阵 G 的三次方

$\boldsymbol{G}^3$ 中包含 2 及 2 以上常系数的元素代表该元素所对应的两构件之间有重复经过某个运动副的传递路径，应排除这些路径，因此，将对角元素和矩阵 $\boldsymbol{G}^3$ 中包含 2 及 2 以上常系数的元素置零，就可得到不包含重复传递路径的三阶传动关系邻接矩阵，如图 2－9 所示。

由于三阶邻接矩阵代表的信息是经过三次运动副的传递路径，同时，其值等于对应两构件之间经过三次运动副的传动比。具体传递路径的分析过程与上述二阶传动关系邻接矩阵相同。

同理，为排除重复传递的传递路径，将对角元素和矩阵 $\boldsymbol{G}^4$ 中包含 2 及 2 以上常系数的元素置零，得到四阶传动关系邻接矩阵，如图 2 - 10 所示。

$$\begin{bmatrix} 0 & 0 & 0 & 0 & 0 & 0 \\ 0 & 0 & 0 & 0 & 0 & 0 \\ 0 & 0 & 0 & 0 & 0 & 0 \\ 0 & 0 & 0 & 0 & k_{15}/k_{24} & k_{16}/k_{24} \\ 0 & 0 & 0 & k_{24}/k_{15} & 0 & 0 \\ 0 & 0 & 0 & k_{24}/k_{16} & 0 & 0 \end{bmatrix}$$

图 2 - 9　三阶传动关系邻接矩阵

$$\begin{bmatrix} 0 & 0 & 0 & 0 & 0 & 0 \\ 0 & 0 & 0 & 0 & 0 & 0 \\ 0 & 0 & 0 & 0 & 0 & 0 \\ 0 & 0 & 0 & 0 & 0 & 0 \\ 0 & 0 & 0 & 0 & 0 & 0 \\ 0 & 0 & 0 & 0 & 0 & 0 \end{bmatrix}$$

图 2 - 10　四阶传动关系邻接矩阵

由于四阶传动关系邻接矩阵代表的信息是经过 4 次运动副的传递路径，而所有元素为零代表没有经过 4 次运动副的传递路径。

结合两个同步器的齿轮连接方案的传动路径分析与上述结合一个同步器的相同，故不赘述。

2.4.3　基于传动关系邻接矩阵判定运动干涉

由上述动力传递路径分析可推断出两种判定运动干涉方法。

（1）当齿轮连接方案的一阶、二阶、三阶、四阶或多阶传动关系邻接矩阵中的一个相同位置上，有至少两个矩阵对于在该位置的元素都不为零，则说明该元素对应的两构件之间存在两条不同的传递路径，即该轮系结构出现运动干涉。

（2）当齿轮连接方案的一阶邻接矩阵的 2 次、3 次或多次方矩阵的对角线元素中出现表示传动比的字符，说明出现动力传递回路，而这将导致运动干涉。

如图 2 - 11 所示的齿轮连接方案，其对应的一阶和二阶传动关系邻接

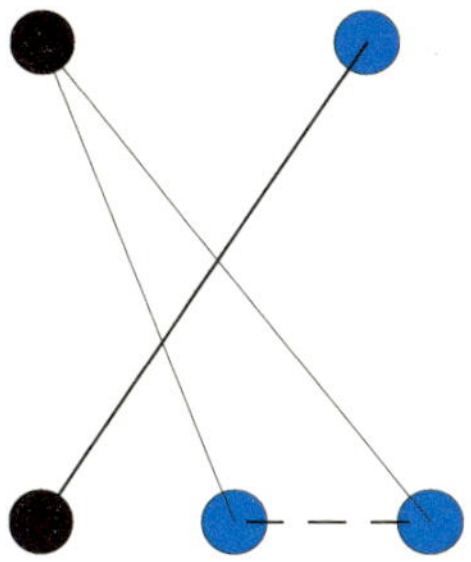

图 2 - 11　出现运动干涉的齿轮连接拓扑图

$$
\begin{bmatrix}
0 & 0 & 0 & 0 & k_{15} & k_{16} \\
0 & 0 & 0 & k_{24} & 0 & 0 \\
0 & 0 & 0 & 0 & 0 & 0 \\
0 & 1/k_{24} & 0 & 0 & 0 & 0 \\
1/k_{15} & 0 & 0 & 0 & 0 & 1 \\
1/k_{16} & 0 & 0 & 0 & 1 & 0
\end{bmatrix}
$$

图 2 - 12　一阶邻接矩阵

$$
\begin{bmatrix}
0 & 0 & 0 & 0 & k_{16} & k_{15} \\
0 & 0 & 0 & 0 & 0 & 0 \\
0 & 0 & 0 & 0 & 0 & 0 \\
0 & 0 & 0 & 0 & 0 & 0 \\
1/k_{16} & 0 & 0 & 0 & 0 & k_{16}/k_{15} \\
1/k_{15} & 0 & 0 & 0 & k_{15}/k_{16} & 0
\end{bmatrix}
$$

图 2 - 13　二阶邻接矩阵

矩阵分别如图 2 - 12 和图 2 - 13 所示。

从图 2 - 12 和图 2 - 13 可以看出，齿轮轴 1 和齿轮 5 对应位置以及齿轮轴 1 和齿轮 6 对应位置在一阶和二阶传动关系邻接矩阵中的元素均不为 0，故此齿轮连接方案会出现运动干涉。从图 2 - 14 可以看出对角线元素中出现字符变量，也可判断出此齿轮连接方案会出现运动干涉。

$$
\begin{bmatrix}
k_{15}/k_{16}+k_{16}/k_{15} & 0 & 0 & 0 & 3\times k_{15} & 3\times k_{16} \\
0 & 0 & 0 & k_{24} & 0 & 0 \\
0 & 0 & 0 & 0 & 0 & 0 \\
0 & 1/k_{24} & 0 & 0 & 0 & 0 \\
3/k_{15} & 0 & 0 & 0 & k_{15}/k_{16}+k_{16}/k_{15} & 3 \\
3/k_{16} & 0 & 0 & 0 & 3 & k_{15}/k_{16}+k_{16}/k_{15}
\end{bmatrix}
$$

图 2 - 14　一阶邻接矩阵的三次方

综上可知，通过对传动关系邻接矩阵的分析可以得到任意两个构件之间在结合任一或两个不会导致运动干涉的同步器时的所有传动路径，同时也能得出每一齿轮啮合连接方案对应的不能结合的所有同步器。

2.5 传动方案系统化设计流程分析

2.5.1 总流程分析

将有源传动装置分解成若干逻辑独立的组成成分变量，它的传动方案的系统化设计过程就是求解那些独立变量的过程。在给定挡位数变量的情况下，结合上述所分析的可行性条件和相容性约束，逐一求解其余结构变量，得出所有满足条件的传动方案，然后依据设计者的特殊要求，对所得的方案进行筛选，制定传动方案的评价指标，从而得出优选方案，完成传动方案的系统化设计，其流程如图 2－15 所示。

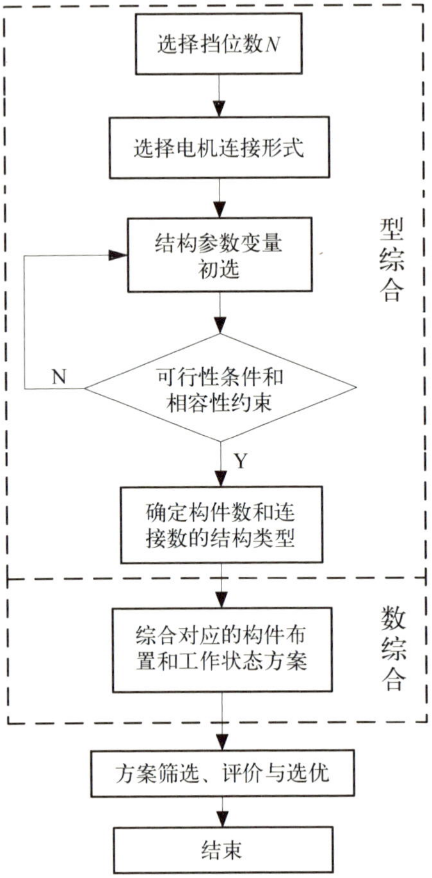

图 2－15　EMT 传动方案系统化设计流程

该系统化设计流程的主要内容是如何根据挡位数、电机连接形式、自由度数、齿轮轴数、齿轮副数以及同步器数等结构变量得出满足约束条件的包含构件布置及同步器工作状态等变量信息的所有传动方案。结构参数变量的求解过程称为结构类型综合，而对应每一结构类型的全部构件布置和工作状态等变量的求解过程则称为方案数目综合。

2.5.2　型综合过程分析

结构类型综合的关键在于如何根据机构功能、性能以及实际结构的要求确定关于结构参数变量的约束条件。因此，结合上述可行性条件和相容性约束的分析，可得到型综合的流程，如图 2－16 所示。

2.5.3　数综合过程分析

方案数目综合是通过将定轴式齿轮系抽象成拓扑图形，然后利用相应的图论知识及图形学矩阵，通过计算机编程得出所有满足约束条件的传动方案。其实施步骤是首先得出满足实际结构要求的齿轮啮合连接方案，然后再结合同步器的布置及工作状态得到最终传动方案，具体流程如图 2－17 所示。

1. 依据约束条件筛选齿轮啮合连接方案

将连接关系邻接矩阵 $\boldsymbol{J}$ 中对应包含有同步器连接关系的位置上的元素置零后得到只反映齿轮啮合连接关系的邻接矩阵 $\boldsymbol{C}$。根据轴数、空套齿轮数、齿轮数以及空套齿轮布

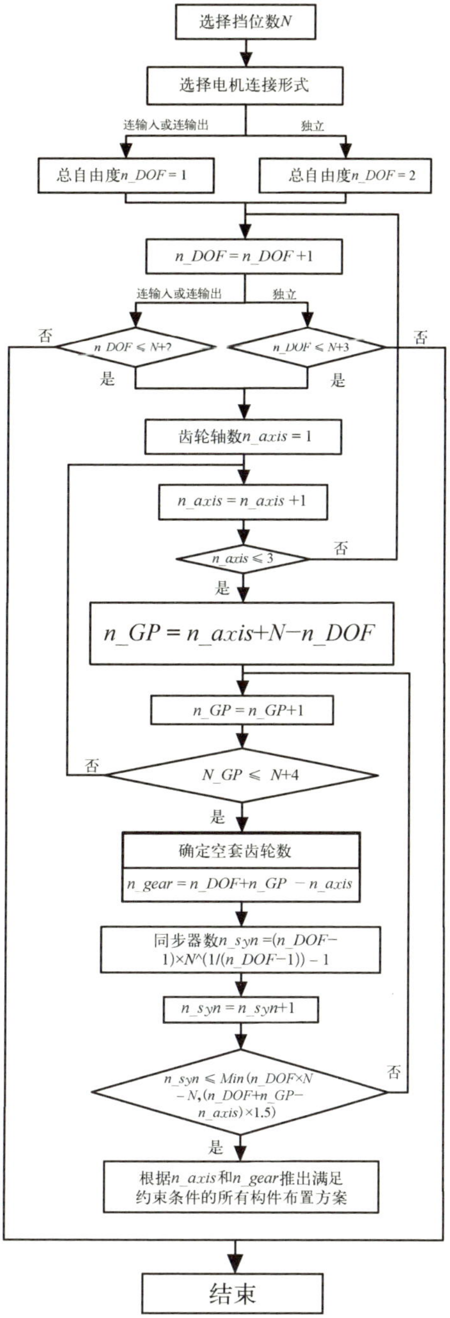

图 2－16　型综合流程图

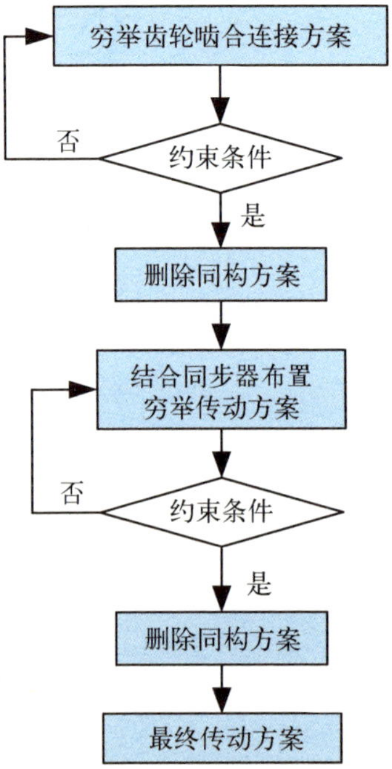

图 2-17　数综合流程图

置的讨论,利用齿轮啮合连接关系矩阵 $\boldsymbol{C}$ 穷举出所有可能的齿轮啮合连接方案,然后结合约束条件对齿轮啮合连接方案进行筛选。

结合上述 EMT 的结构约束条件可得,只考虑齿轮啮合时,方案应满足的约束条件有:① 不存在运动干涉,即动力传递不形成回路;② 不允许出现双联及以上多联齿轮,即一个空套齿轮构件最多对应一个齿轮副;③ 能结合的同步器数不少于该结构方案对应的同步器数 n_syn。三个约束条件均可从对应的齿轮啮合连接关系邻接矩阵判定,判定过程通过程序自动完成,具体算法如下:

约束①的判定:考虑到计算机对字符数据的识别和处理能力,以及此处所考虑的连接关系比较简单,故此时不采取上述运动干涉判定方法。首先将齿轮啮合连接关系邻接矩阵中对角线上的元素置 1,下对角元素均置零,然后对两行或两列元素取“与”运算后求和的结果体现了该两行或两列所对应的两同回转中心的构件之间的连接关系:和为零说明两构件间无连接,和为 1 说明两构件间常连接,和大于 1 说明两构件间存在运动干涉,再任取三行或三列元素,对其中两两构件所对应的行或列元素取“与”运算后求和,如果都大于零且将三列元素取“与”运算后求和结果等于零,则说明该三行或三列元素所对应的构件间存在运动干涉。三个以上构件间运动干涉判定依此类推,如图 2-18 和图 2-19 所示。

拓扑图 2-18 所对应的邻接矩阵如图 2-19 所示。由图 2-18 可知动力传递在 5 个构件 1,2,3,4,5 中形成回路。对应邻接矩阵图 2-19 中前四

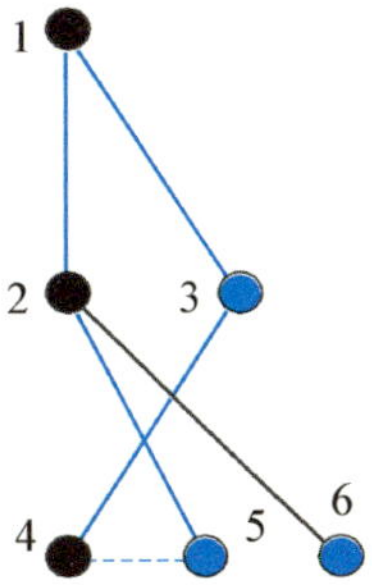

图 2－18　拓扑图

	1	2	3	4	5	6
1	1	1	1	0	0	0
2	0	1	0	0	1	1
3	0	0	1	1	0	0
4	0	0	0	1	1	0
5	0	0	0	0	1	0
6	0	0	0	0	0	1

图 2－19　邻接矩阵

行元素满足任一行元素都能至少与其他三行元素中的两行“与”运算求和后大于零，且四行元素“与”运算后求和等于零。

根据所讨论系统中构件数的不同，所需进行运动干涉分析的构件数上限不同，最后可完成约束①的判定。

约束②的判定：齿轮啮合连接关系邻接矩阵中，空套齿轮构件对应的所有行中出现某行非零元素个数大于 1，则说明该邻接矩阵表示的齿轮啮合连接方案不满足此约束。

约束③的判定：当某同步器对应在齿轮啮合连接关系邻接矩阵中的位置上的元素赋值 1 后不引起运动干涉时，则表明该同步器能结合。运动干涉的判定参照约束①的判定。因此，当这样的同步器数小于 n_syn 时，则说明该邻接矩阵表示的齿轮啮合连接方案不满足此约束。

将筛选完得到的齿轮啮合连接关系邻接矩阵 $\boldsymbol{C}$ 中对应转动副的位置上的元素置 1 后得到相应的连接关系邻接矩阵 $\boldsymbol{J}$。

2. 删除齿轮啮合连接同构方案

若两个拓扑图对应的结构图相同，则这两个图同构。同构的判定准则[46]为：若两个图的点和边之间的关系保持一一对应的关系，则两个图同构；若两个图的连接矩阵中相同性质构件对应的行列经过对调变换后相等，则两个图同构。

如果两个运动链同构，则它们的结构不变量一定是相同的，也就是说，结构不变量是运动链同构判定的依据。文献[47]给出了一般机构运动链的结构不变量。而针对定轴齿轮系平面机构，其结构不变量可归纳为以下几项：

(a) 各类型构件(齿轮轴和空套齿轮)的数目，即各类型构件所对应在连接关系邻接矩阵中的行或列数；

(b) 各类型运动副(齿轮啮合副、转动副和同步器)的数目，即各类型运动副所对应在连接关系邻接矩阵中的元素个数；

(c) 不同类型构件连接的不同类型运动副的数目，即各类型构件所对应在连接关系邻接矩阵中的行或列中代表不同运动副类型的元素个数；

(d) 经过行列变换后的连接关系邻接矩阵。

在结构不变量中，(a)、(b)、(c)项相同是判断机构方案同构的必要条件。在满足这 3 个必要条件的前提下，可以认为该定轴轮系平面机构的所有构件和运动副分别都具有相同性质，这时，(d)项相同就是判断方案同构的充要条件。

本书采用特征值和特征向量分析方法[48]来判断第(d)项结构不变量是否相同，判别步骤如下：

(1) 计算出各连接关系邻接矩阵的特征值和特征向量；

(2) 比较各连接关系邻接矩阵的特征值。若两个矩阵的各特征值不完全相同，则两个方案不同构。否则，进行下一步判别；

(3) 如果一个连接关系邻接矩阵的特征向量可通过行变换，成为另一连接关系邻接矩阵的特征向量，则两个方案同构。

由于第(d)项结构不变量的判断所需计算量较大，因此，先通过对前三项结构不变量的判别，排除大部分不同构方案，然后再利用特征值和特征向量法对剩余的相对少量方案进行同构识别，删除同构方案后可得到最终的齿轮啮合连接方案数 n_sch_gear。

3. 基于动力传递路径分析提取满足约束条件的传动方案

通过上述传递路径的分析，可以得到对应每个齿轮啮合连接方案的所有可结合的同步器数 n_max_syn。每一结构类型对应的同步器数为 n_syn。删除所有 $n\_max\_syn < n\_syn$ 的方案，从可结合的同步器中选择 n_syn 个同步器有 $C_{n\_max\_syn}^{n\_syn}$ 种选择方案。对应每种同步器布置方案，即传动方案，可分析出结合其中任意多个同步器时是否出现运动干涉，以及没有运动干涉时任意两构件间的动力传递路径。同时，通过传动关系邻接矩阵中对应元素的比较即可判断两条路径的传动比是否相同，相同传动比的传动路径只能取其中一条。根据动力传递路径，可以判断对应传动方案是否能实现规定挡位数 N 且满足其余约束条件。将能满足约束条件的传动方案筛选出后再依照上述判定同构方法进行传动方案的同构判定，删除同构方案，得到最终传动方案。

2.6　实施例

不同的电机连接形式对应的 EMT 能实现的功能不同，而实际在机构设计时，一般是针对能实现功能相同的一类机构。因此，设计前，不仅需确定挡位数，还要明确电机连接形式。本节以电机独立为例。

2.6.1　结构类型综合

由于上述讨论的 EMT 组成部分较多，每个部分在数量上的选择空间又较大，且各部分组合起来的每个结构类型对应的构件布置和工作状态方案又有很多的可能，那么最后生成的传动方案将十分巨大，会产生“方案爆炸”的现象。这样，在对上述设计流程进行计算机编程实现时，就很难得到所有传动方案的结果。因此有必要在上述 EMT 结构的基本约束条件下再对它加以合理的条件限制，排除那些明显不符合 EMT 功能和结构优化要求的结构类型，方便对合理可行方案的综合。

结合图 2 - 16 所示的型综合流程可综合出五挡、电机独立连接的 EMT 结构类型有 216 种。通过对五挡 EMT 的分析，本节提出进一步限制五挡 EMT 的空套齿轮数和同步器数相同且不能超过 7，因此，只剩下 4 种结构类型，对应的具体结构变量如表 2 - 2 所示。

表 2 - 2　EMT 的结构类型

结构方案	自由度数	轴数	空套齿轮数	齿轮副数	同步器数
1	3	2	7	6	7
2	3	3	6	6	6
3	3	3	7	7	7
4	4	3	7	6	7

2.6.2　方案数目综合

以表 2 - 2 中的结构方案 3 为例介绍传动方案的程序实现。考虑结构方案 3 对应的轮系结构中空套齿轮在 3 根齿轮轴上的布置方案时，为避免出现同构，人为限制空套齿轮数升序排列，则有 0+1+6、0+2+5、0+3+4、1+1+5、1+2+4、1+3+3、2+2+3 七种，以 1+2+4 空套齿轮布置方案为例进行传动方案数目综合分析。

对于结构方案 3 中 1+2+4 空套齿轮布置方案所对应的齿轮啮合连接的邻接矩阵 $\boldsymbol{C}_{10\times10}$。$\boldsymbol{C}$ 为角对称矩阵，只考虑上半角元素时，与同步器无关的元素有 31 个，因此，穷举齿轮啮合连接方案相当于从邻接矩阵中与同步器无关的 31 个元素里选 7 个赋值 1，其他元素置 0 的排列组合，总共有 $\boldsymbol{C}_{31}^{7}=2\,629\,575$ 种方案。

根据约束条件和同构限制对 2 629 575 种齿轮啮合连接方案进行筛选后，剩下 9 222 种齿轮啮合连接方案。通过其邻接矩阵分析结合任一同步器后的运动干涉情况，得到每种齿轮啮合连接方案对应的 n_max_syn，删除所有 $n\_max\_syn < n\_syn$ 的齿轮啮合连接方案后，剩余 1 384 种。最后，通过对每种齿轮啮合连接方案结合 1 到 n_DOF-1 个同步器后的传动路径进行分析，得到相同两构件间，至少具有 5 个一级齿轮动力传动路径且输出构件、输入构件和电机构件分布在不同的轴线上的齿轮传动方案数有 15 个，如图 2 - 20 所示。

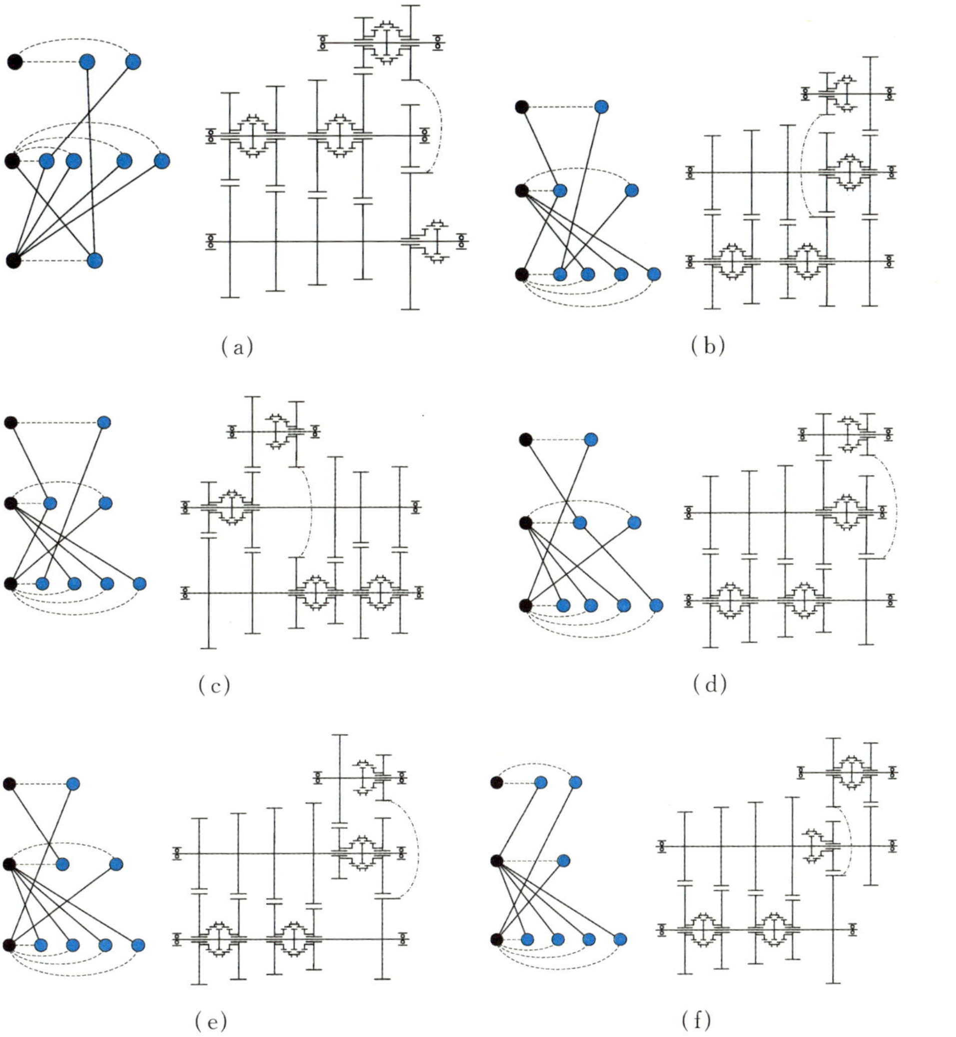

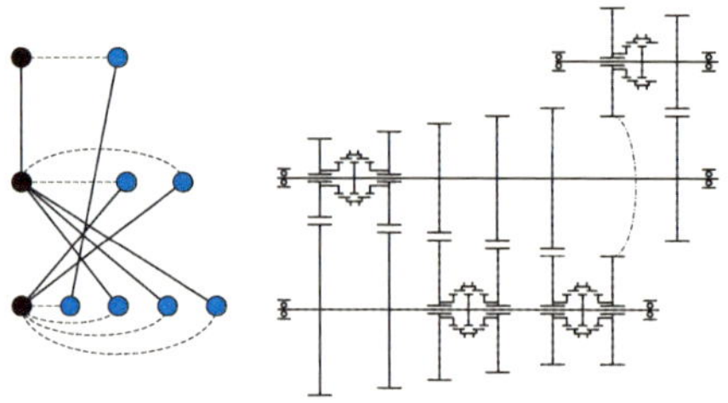

(g)

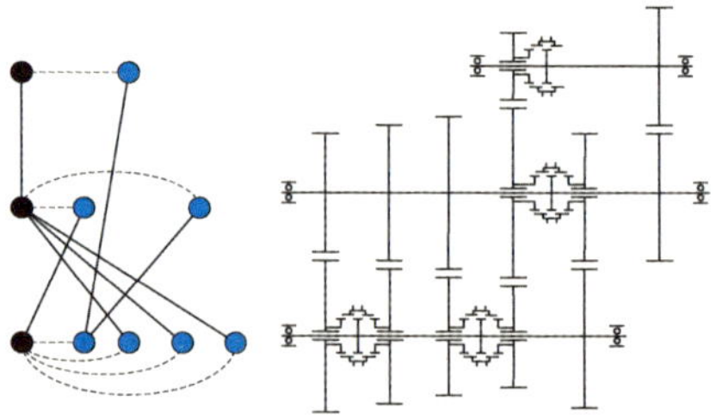

(h)

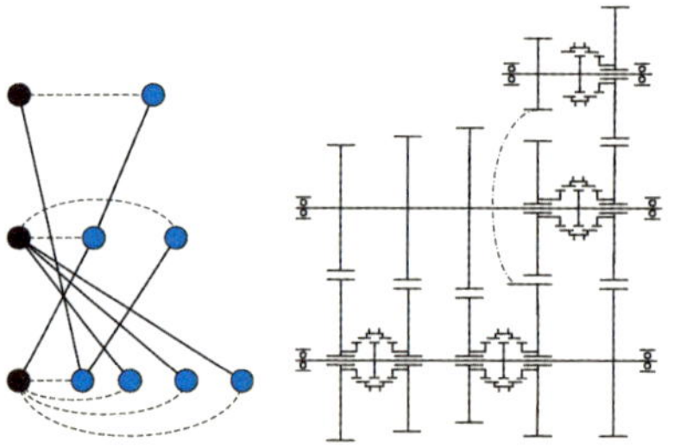

(i)

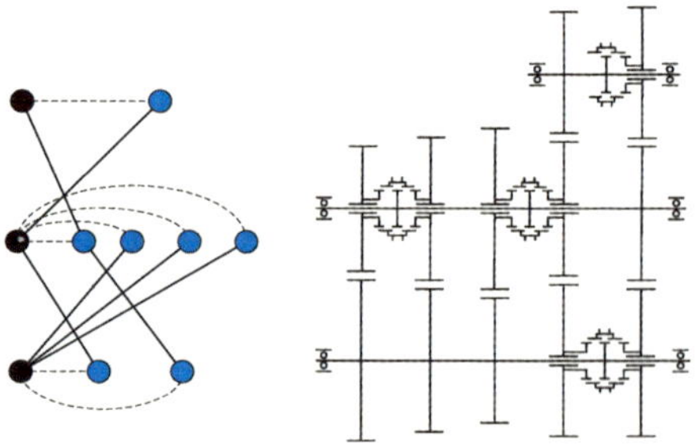

(j)

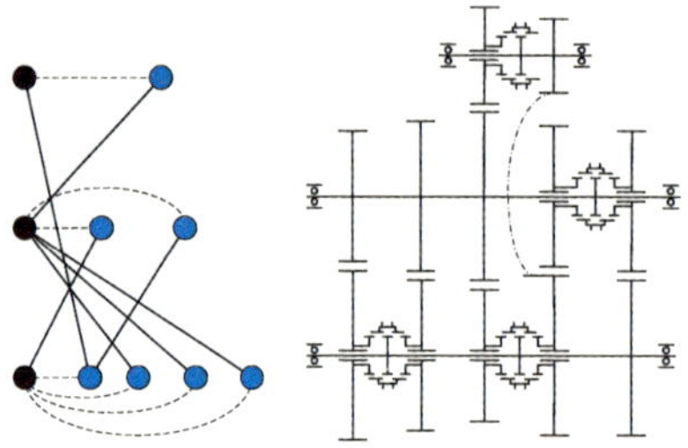

(k)

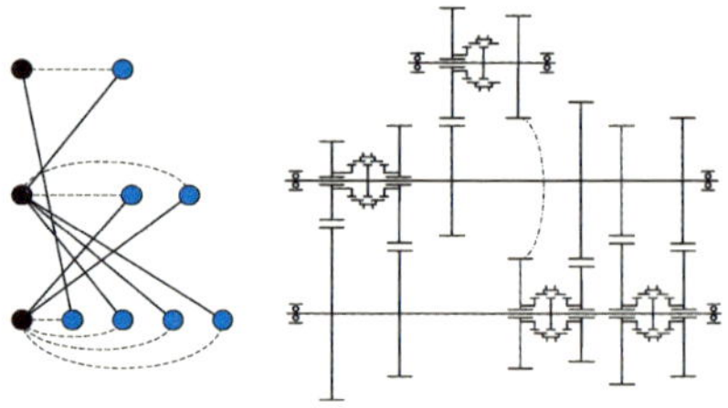

(l)

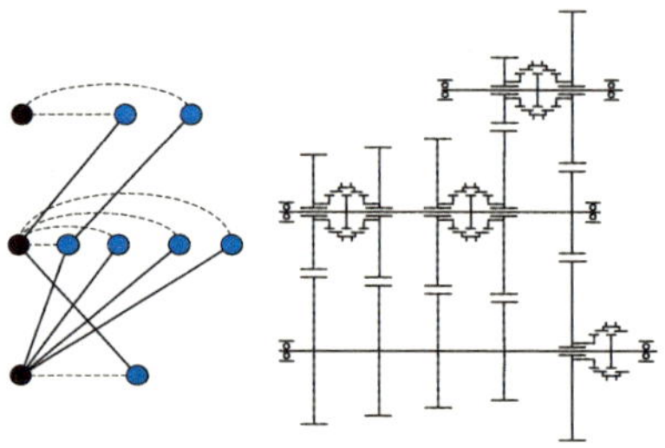

(m)

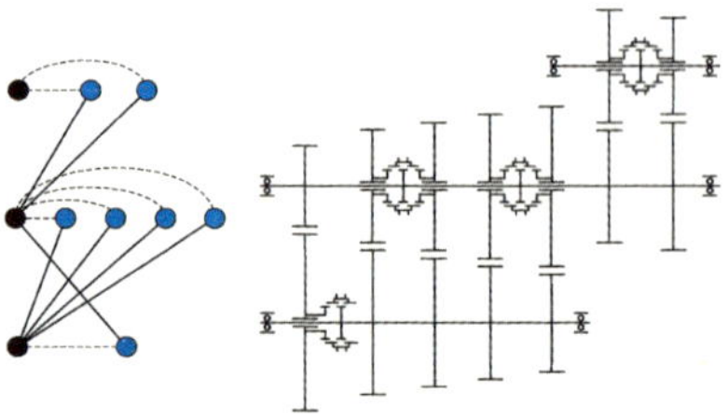

(n)

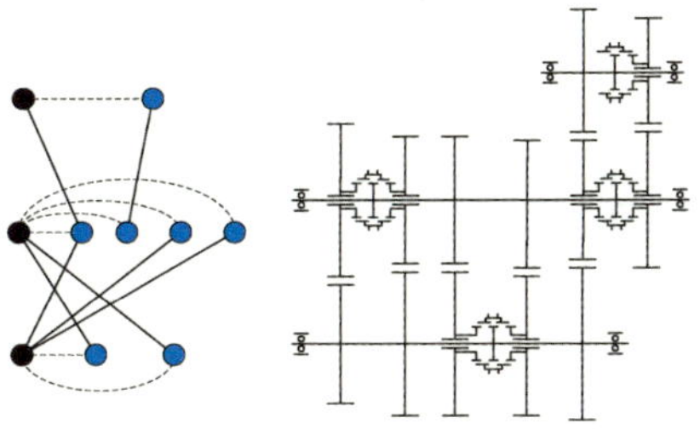

（o）

图 2－20　最终传动方案群

2.7　本 章 小 结

基于形态分析的机械创新技法，本章提出了一套针对定轴式有源传动装置传动方案的系统化设计流程。首先，明确描述一个传动方案的所有独立结构变量及其应满足的约束和边界条件，并完成求解结构变量的结构类型综合；然后通过实际机构向拓扑图的抽象化，利用相应的形态学矩阵，完成满足上述约束和条件的传动方案的综合，即包括每个机构类型对应的反应构件布置及工作状态信息的数目综合。

第3章

EMT 工作原理分析与建模

3.1 EMT 系统结构和基本工作原理

上一章中介绍了具有普遍适用意义的定轴式有源传动装置的拓扑方案设计方法，并通过一组实施例验证了该设计方法的有效性，在此基础上，选择了一组方案作为本文的研究对象。

3.1.1 EMT 系统结构

上一章筛选出来的方案，其典型特征是电机可以在输入轴和输出轴进行切换，同时兼备常见的输入轴耦合方案和输出轴耦合方案的优点。在输入轴时可充分利用变速器的减速比，而且电机连在高速端，可有效提高电机功率密度；在输出轴时可弥补换挡过程中的动力中断问题，提高车辆瞬态过程的舒适性和动力性。电机在输入轴与输出轴之间的切换装置采用手动变速器常用的惯性式同步器。系统原理图如图 3-1 所示，EMT 具有电端口、机械输入端口和机械输出端口各 1 个。

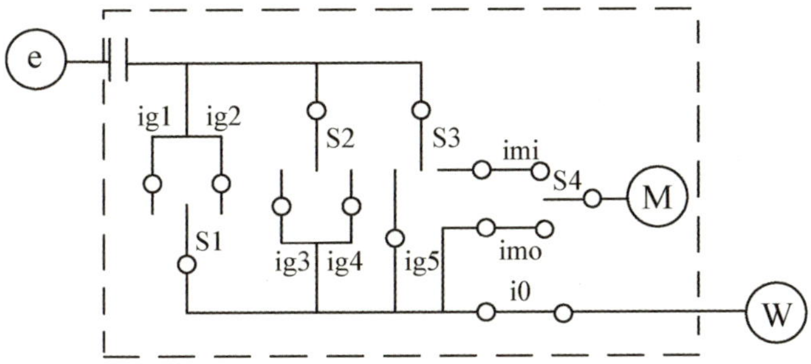

图 3-1　EMT 动力总成的结构原理示意图

3.1.2　EMT 工作模式分析

混合动力装置一般具备发动机单独驱动模式、发动机与电机共同驱动模式或称为混合动力模式(HEV)、纯电动模式和电机回馈制动模式等。若耦合装置为定轴式齿轮变速器，每个模式下又可分为不同挡位，每个挡位下可称为子模式。这么多数量的模式可涵盖驾驶员意图、不同路况以及燃油经济性对车辆行驶状态的需求，从而达到提高整车舒适性、动力性和经济性的目的。

本章所提出的 EMT 方案除了具备传统的定轴式混合动力方案的模式之外，驱动电机可以在输入轴和输出轴之间按需进行切换，模式更为复杂，因此，弄清楚其所有工作模式对于整车控制和最优模式选择很有必要。EMT 中决定其工作模式的部件主要有离合器和同步器，根据离合器的结合与分离和同步器的选择以及结合方向可决定当前工作模式，得到的所有工作模式如表 3-1 所示。

表 3-1　EMT 工作模式

模　　式	离合器状态	SI 挡同步器状态	SO 挡同步器状态
发动机单独驱动	O	X	X
HEV-SI 模式	O	O	X
HEV-SO 模式	O	X	O
纯电动模式	X	O	X

注：SI 代表驱动电机与输入轴相连，SO 代表驱动电机与输出轴相连，X 代表未结合，O 代表结合。

可见 EMT 方案大体上可分为发动机单独驱动模式、混合动力模式和纯电动模式，发动机单独驱动模式下又有 4 个挡位；混合动力模式下根据驱动电机的连接方式分为 SI 和 SO 模式，SI 模式下有 4 个不同挡位，SO 模式下有 5 个挡位；纯电动模式下也可分为 SI 和 SO 模式，SI 模式下有 4 个挡位，SO 模式下只有 1 个挡位。

3.1.3　典型模式功率流

本文研究的方案拓扑结构较为复杂，存在多种工作模式和功能，下面对各种模式下的工作状态时的功率流图进行介绍。

1. 发动机单独驱动：以一挡为例。

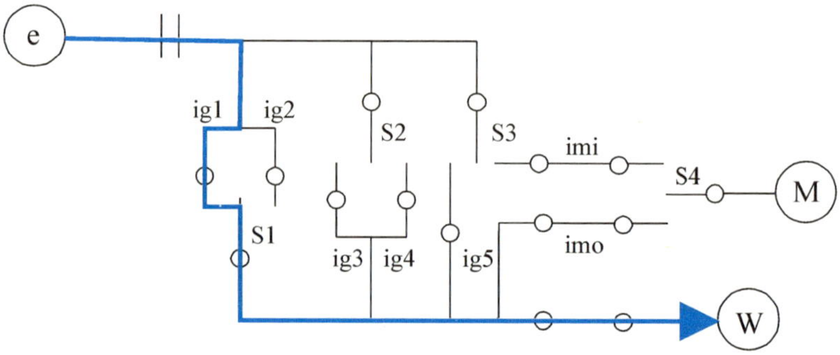

图 3－2　发动机单独驱动工作原理及功率流

2. 混合驱动模式 1：电机接输入轴进行动力耦合，以一挡为例。

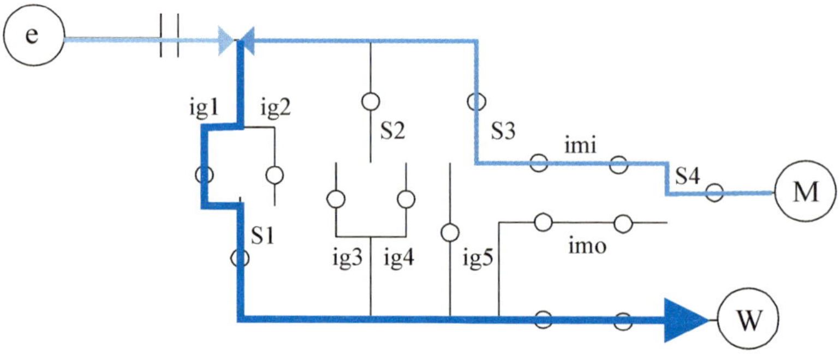

图 3－3　输入轴耦合的混合驱动模式工作原理及功率流

3. 混合驱动模式 2：电机接输出轴进行动力耦合，以一挡为例。

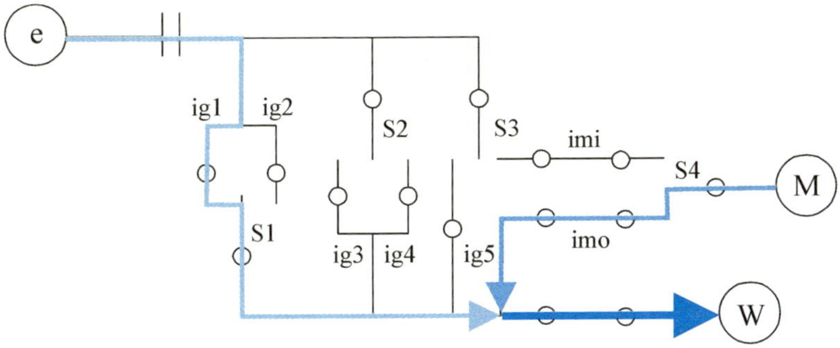

图 3-4　输出轴耦合的混合驱动模式工作原理及功率流

4. 纯电动模式：以一挡为例。

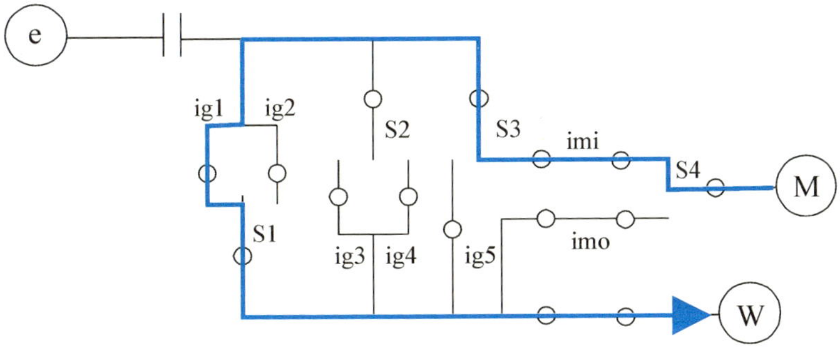

图 3-5　纯电动模式工作原理及功率流

5. 动力不中断换挡模式：以一挡为例。

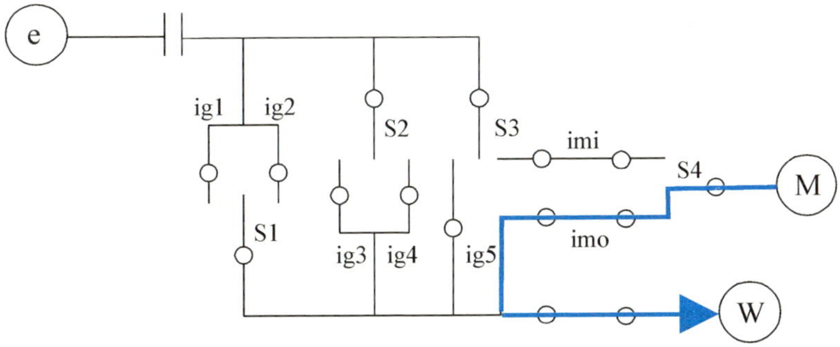

图 3-6　动力不中断换挡模式工作原理及功率流

6. 制动回馈模式：以一挡为例。

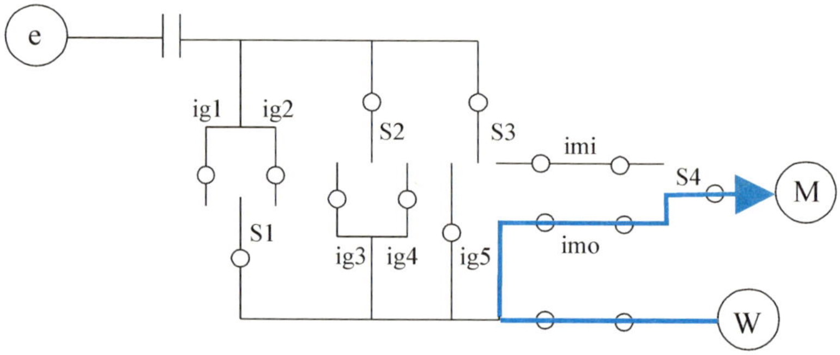

图 3-7　制动回馈模式工作原理及功率流

3.1.4　关键瞬态过程原理分析

瞬态过程指的是 EMT 由一种模式向另一种模式或者一种工作状态向另一种工作状态切换的中间过渡过程，起步、换挡、模式切换等都属于瞬态过程，瞬态过程的控制效果直接影响到整车的动力性以及舒适性，而瞬态过程的工作原理和切换时序是瞬态控制的必备阶段。

根据上文中介绍的 EMT 结构原理可知，电机可以在变速器输入轴和输出轴之间自由切换，因此，当电机在输入轴时，电机可通过调速进行有源同步换挡过程，实现离合器不分离换挡；而当电机在输出轴时，在换挡过程中可借助于电机助力，实现电机动力补偿换挡。因此，本章重点研究换挡瞬态过程的两个关键瞬态过程即离合器不分离换挡和动力不中断换挡两个瞬态过程。

1. 离合器不分离换挡过程原理分析

离合器控制技术是机械式自动变速器(AMT)的一项技术难点，其控制效果好坏直接影响着车辆的动力性、换挡平顺性以及离合器寿命。传统 AMT 换挡过程需要经历分离离合器、摘挡后发动机调速、进挡以及离合器结合四个过程，其详细过程在第 1 章中已经详细介绍。离合器不分离换挡技术给传动系统带来以下好处：① 规避离合器控制难点以及频繁结合带来的传动系统冲击；② 提高离合器寿命；③ 同时减小了换挡时间；④ 缩短动力中断时间，提高换挡过程中的整车动力性；⑤ 可以取消同步器，缩小变速器尺寸和降低成本。

国内外在此领域有一定研究，M. Pettersson 和杜海若等人[49-52]探讨了在传统 AMT 上实现离合器不分离换挡的可行性并提出了相关系统控制策略，采用离线仿真进行了验证。文献[53]提出了传统 AMT 在离合器不分离换挡过程中的发动机控制策略，而文献[54－55]在此基础上提出了前馈＋BangBang＋PID 的发动机调速算法，并在实车上得到验证，成功实现了离合器不分离换挡。文献[56－58] 提出了在重型商用车上通过加装缓速器的方式来实现离合器不分离换挡，并通过仿真和实车的验证；文献[59－60]提出在混合动力汽车上通过电机调速来实现离合器不分离换挡，进行了仿真验证。本节重点介绍 EMT 中实现离合器不分离换挡的控制原理。

1）传统 AMT 离合器不分离换挡过程原理与技术瓶颈

AMT 离合器不分离换挡过程原理如下：

（1）摘挡过程策略。

摘挡的条件是传动系统的同步器主动端处于转矩平衡状态即输出转矩为 0 N·m，因此为防止摘挡时刮伤齿面，需要卸载发动机转矩，使发动机处于平衡状态，即图 3－8 中的 *ab* 段。

（2）选挡以及发动机调速阶段。

摘挡后同步器主从动端处于完全分离状态，即可进行选挡动作，与此同时，发动机调速也可同步进行，见图 3－8 中的 *bc* 段和 *cd* 段，此阶段的控制目标为在摘挡后尽快将发动机转速调到目标转速。

（3）进挡过程以及动力恢复过程策略

发动机转速调到目标值后即可执行进挡动作，图 3－8 中的 *de* 段，调速

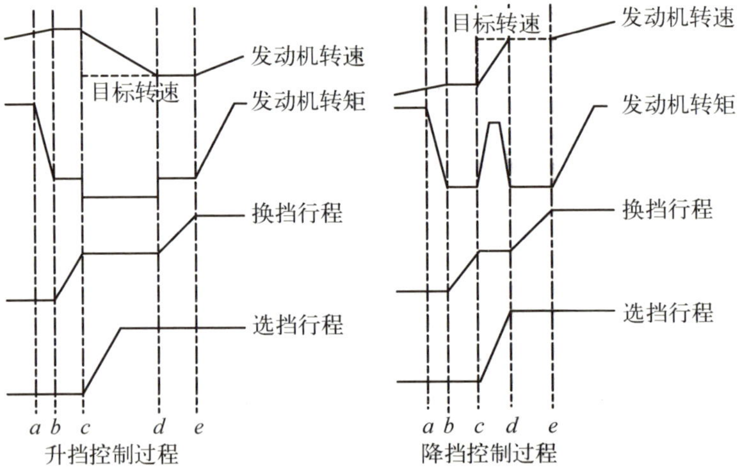

图 3-8　AMT 离合器不分离换挡过程时序图

后，同步器主从动转速差已经很小，同步器负载相对于离合器分离换挡要小很多，进挡结束后，即可恢复发动机转矩。

由上述分析可知，AMT 离合器不分离换挡过程中需要发动机主动进行调速，文献[54]提到发动机升速可通过发动机缸内喷油、节气门控制等措施实现，而降速只能完全依赖发动机内部阻力，并通过试验验证了发动机降速的局限性，从而导致发动机降速过程所需时间较长，特别是调速幅度较大的升挡工况如一挡升二挡过程的换挡时间较长，从而造成换挡过程中动力中断时间太长而影响了这项技术在 AMT 系统中的应用。因此，发动机难以满足离合器不分离换挡中调速过程的需求，而 EMT 系统中存在另外一个动力源电机，并且可以根据工况需求切换至输入轴，其调速精度和可控性方面都胜于发动机，为解决 AMT 离合器不分离换挡过程的技术瓶颈带来了可能。

2）EMT 离合器不分离过程原理分析

离合器不分离换挡和传统换挡过程区别在于同步器主动部分惯量的不同，传统换挡过程离合器分离，同步器主动部分惯量包括离合器从动盘、变速器输入轴以及常啮合齿轮，而离合器不分离换挡时同步主动惯量则额外增加了发动机曲轴、主驱动电机、飞轮以及离合器主动部分惯量，因此，其瞬态过程也有很大差异。根据离合器不分离换挡特点，其过程可分为扭矩卸载、摘挡、调节输入轴转速、进挡和恢复发动机转矩 5 个过程，其升挡和降挡的换挡过程时序示意图如图 3－9 所示。当行驶中接收到换挡命令后以一定速度将发动机转矩下降到怠速转矩，而电机的转矩降到 0 N·m，便可进行摘挡动作，动力源卸扭的目的是防止在传递动力情况下强行摘挡而刮伤齿面，同时也容易产生冲击。摘挡结束后进行选挡和换挡动作的同时通过电机来调节同步器主动端的速度，以减小或者消除同步器主、从动端的转速差，调速的时间直接决定了离合器不分离换挡整个过程的时间，待调速结束后即可进行进挡动作，进挡结束后，恢复发动机和电机的转矩。

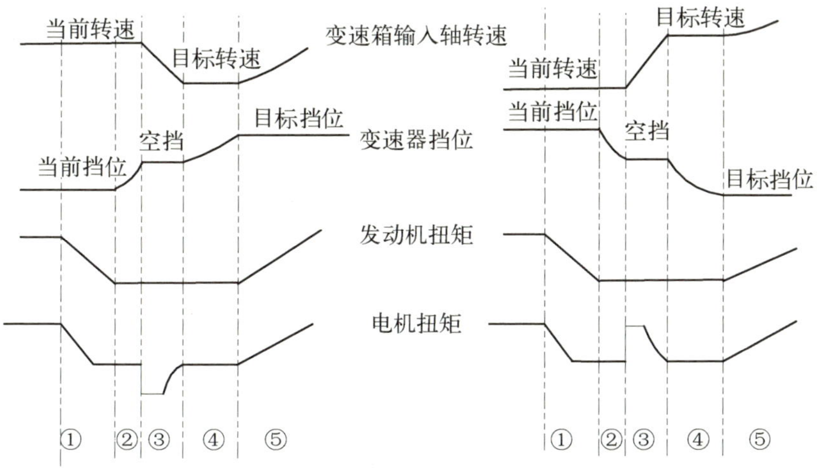

图 3－9　EMT 离合器不分离换挡时序图

2. 动力不中断换挡过程原理分析

动力中断问题是传统机械式自动变速器（AMT）的固有缺陷，是无法根本性解决的难题，有源传动装置双动力源的结构给动力中断问题的解决带来了可能性，但目前的解决方案较为简单，直接或者间接将第二动力源驱动电机与变速器输出端相连，解决动力中断的同时也影响了驱动电机的功率使用率和效率，而本节的方案可实现根据工况的需求，电机可在输入轴和输出轴自由切换，因此，下面分别重点介绍电机在输入轴和输出轴的动力不中断换挡过程。

1）HEV 模式动力不中断换挡：电机在输入轴

电机在输入端与发动机进行动力耦合的优势是可以充分利用变速器的挡位，同时提高电机的效率，此工况下进行动力补偿的整体思想是：在离合器分离前，先将电机切换到输出轴，换挡过程中用电机的转矩补偿换挡前发动机和电机的总转矩，待换挡结束后，重新将电机切换回输入轴，同时恢复两动力源的转矩至换挡前的水平，整个过程的控制目标是保证输出到半轴的驱动转矩保持不变。以升挡为例，过程控制时序图如图 3－10 所示，详细过程如下：

接到换挡指令后电机卸扭至怠速转矩，同时发动机转矩协调控制保证总转矩保持不变，SI/SO 位置控制电机进行摘挡动作，传动系统由双动力

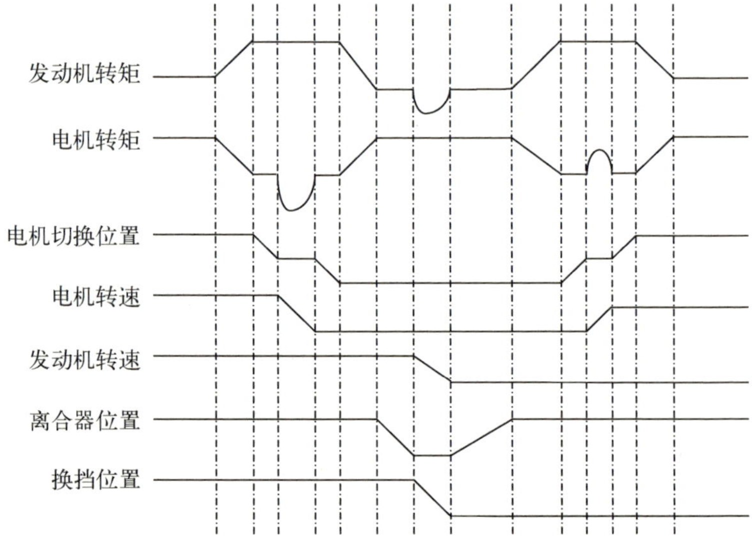

图 3－10　HEV－SI 模式动力不中断换挡控制时序示意图

源变为单动力源;电机退为空挡后进行调速控制,以保证电机顺利切换到输出轴,切换到输出轴后减小发动机至怠速转矩的同时逐渐增大电机转矩,把动力从发动机转换到电机,接下来即可进行离合器分离和换挡动作,同时调节发动机转速以消除离合器结合时离合器主、从动端的转速差,离合器结合后将电机转矩卸扭至怠速转矩,发动机同时进行动力补偿,然后进行电机摘挡并调速,电机切回输入轴,最终将电机和发动机的转矩恢复到换挡前的数值,降挡过程类似,此处不再重复。

2）HEV 模式动力不中断换挡：电机在输出轴

当电机在输出轴进行动力耦合时,实现动力补偿换挡过程相对于输入轴耦合更为简单。当接收到换挡指令后将发动机转矩转移到驱动电机,发动机转矩降到怠速转矩,离合器分离后进行换挡动作的同时调节发动机转矩,以保证离合器结合时主、从动端转速差尽量小,离合器再次结合后恢复发动机和电机转矩至换挡前的数值。以升挡为例,整个换挡过程控制时序图如图 3－11 所示。

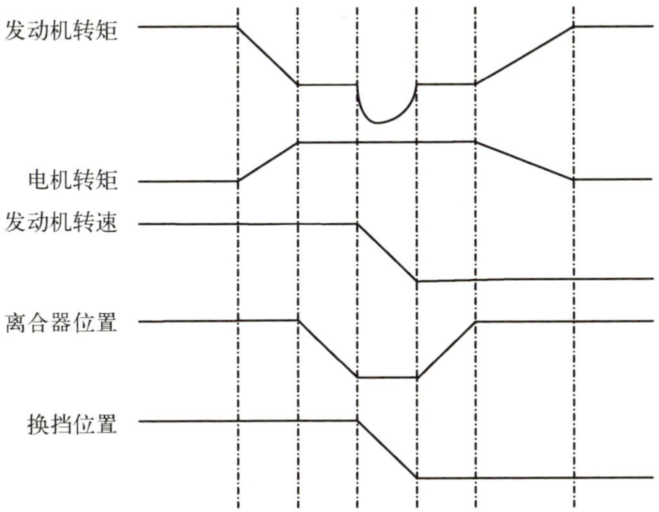

图 3－11　HEV－SO 模式动力不中断换挡过程控制时序示意图

3.2 传动系统建模

前文重点介绍了 EMT 总成的结构原理、工作模式和两个瞬态过程的控制时序。为了进一步对 EMT 的动态特性进行深入了解，为了在原理样机加工好之前对 EMT 的功能进行初步的探索，并对本书的研究重点即离合器不分离换挡和动力不中断换挡的控制算法开发和优化，电机在换挡过程中对换挡特性的优化和改善都需要建立完善的 EMT 离线仿真模型，本节重点介绍传动系统关键部件模型如发动机、离合器、变速器、同步器和驱动电机模型和传动系统动力学模型。

仿真模型根据建模方法的不同可以分为向前建模、向后建模和混合建模[61-67]，仿真模型建立的基本原则是模型既要尽可能的简单，又要能满足控制算法验证的需求。本书基于 Matlab/Simulink 进行传动系统动力学建模。

3.2.1 关键部件模型

1. 发动机模型

发动机建模通常可以采用实验建模法（Empirical Modeling）和理论建模法（Theoretical Modeling）两种方法[68]。理论建模法即在发动机各特征参数已知的条件下，利用热力学知识以及对燃油燃烧的模拟求出发动机的输出，即发动机理论模型。实验建模法（Empirical Modeling），即通过对已知的发动机进行实测数据，建立发动机各输出、输入参数的数据库，利用查表或者试验数据拟合来模拟发动机的工作特性，即发动机的实测模型。

实验建模法利用发动机的实验数据，如不同节气门开度下的转速、扭矩、燃油消耗量和排放的数据等，建立数据表，是一种查表性质的模型，其输入输出关系可以精确表示发动机的稳态特性。试验数据建模法简单有效，模型需要的数据可以通过发动机性能试验得到，缺点是不能够反映发动机的瞬态响应特性。理论建模法是基于理论分析，利用流体力学和动力学原理建立发动机的空气和燃油流量方程以及各运动部件的运动方程，同时还涉及复杂的燃烧理论、各部件间的热传递等。理论模型可以比较好地反映发动机的动态特性，但理论建模所需要的许多参数不容易测得，冗长的解析表达式也使模型的计算速度十分缓慢，同时，为建立理论模型而必需的诸多假设条件也会降低模型的精度，使得复杂的理论模型并不比实验模型优越[22]。本书重点关注传动系统的瞬态过程，而瞬态过程中的控制算法限制了发动机转矩的变化率，对发动机的瞬态特性要求不高，因此，本书选用实验建模法。稳态时发动机扭矩输出特性相对稳定，根据实验数据采用插值拟合的方法拟合出发动机的输出扭矩随节气门开度和转速的变化特性曲线如图 3－12 所示。

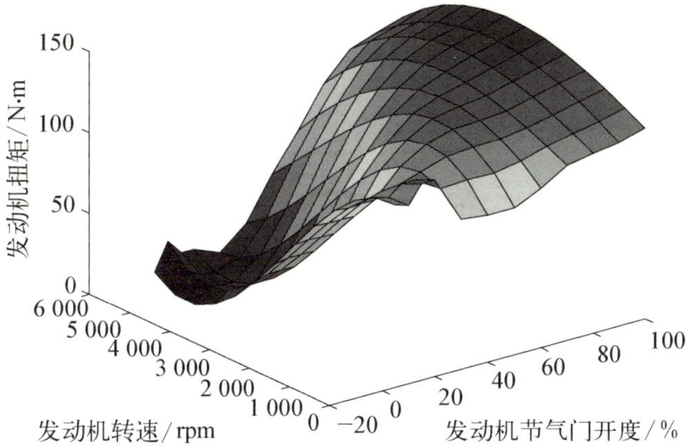

图 3－12　发动机转矩特性试验拟合图

车辆在变速行驶时，发动机达到稳态是一个动态过程，为了能尽可能地在模型中体现出其瞬态特性，可将这一动态过程简化为一阶滞后惯性系统[69]，因此，发动机动态输出转矩可表示为

$$T_{e\_d} = T_e \cdot \frac{e^{-\tau s}}{Ts + 1} \tag{3-1}$$

其中，T_{e_d} 为发动机动态扭矩，T_e 为发动机稳态扭矩，τ 为滞后时间，T 为系统时间常数。

为了在发动机稳态转矩模型的基础上进一步提高其动态特性，获取发动机的动态特性参数，进行发动机空载试验，工况为离合器分离，对发动机进行空载转矩响应试验，其转矩的阶跃响应特性和跟随特性分别如图 3－13 和图 3－14 所示，由测试结果可知发动机响应扭矩请求约有 50～100 ms 的滞后。

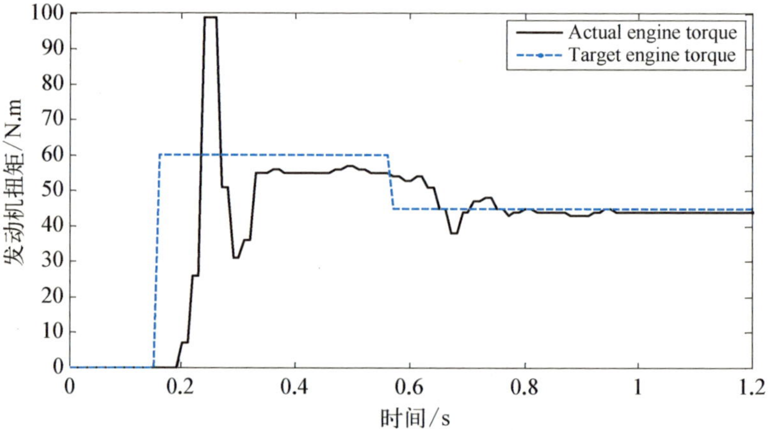

图 3－13　发动机阶跃响应特性曲线

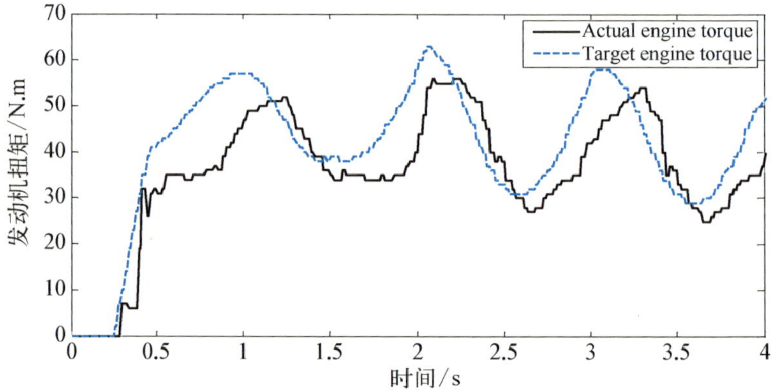

图 3－14　发动机跟随响应特性曲线

2. 整车阻力模型

整车阻力主要考虑滚动阻力、风阻和坡道阻力[70]：

$$T_L = T_{incline} + T_{aerodynamic} + T_{rolling\ resistance} = \left(Mg\sin\varphi + \frac{1}{2}\rho_{air}AC_DV^2 + Mgf\right)R \tag{3-2}$$

其中，T_L 为总负载转矩，M 为整车质量，g 为重力加速度，φ 为坡度，A 为迎风面积，C_D 为风阻系数，V 为车速，ρ_{air} 为空气密度，f 是道路滚阻系数，R 为车轮半径。

3. 有源传动装置模型

1）离合器模型

在 EMT 机电耦合传动装置中，离合器作为发动机与传动系的连接/切断装置，对它的控制主要目的如下：

(1) 从纯电动模式切换到混合动力模式时，实现发动机与传动系平稳结合，减小对传动系的冲击；

(2) 单发动机模式换挡时，分离离合器，切断发动机的动力输出，减小变速箱输入轴的扭矩和惯量，使换挡更容易，待换挡完成后再结合离合器；

(3) 从混合动力模式切入到纯电动模式时，切断发动机与变速箱输入轴的连接，避免发动机空转，影响整车效率。

本章所述 EMT 变速器使用的是干式推式膜片弹簧离合器，离合器结合时，发动机通过两条路径输出扭矩：第一条路径是利用飞轮和摩擦片左侧摩擦面输出扭矩；第二条路径是利用压盘和摩擦片右侧摩擦面，传递扭矩到从动盘上，进而传递到变速箱输入轴[71]。当分离轴承向靠近飞轮端运动时，膜片弹簧将压盘抬起，于是，发动机和变速箱之间的动力传递路径被切断。离合器参数如表 3-2，图 3-15 所示。

表 3-2　离合器膜片弹簧参数

符号	含　义	符号	含　义
E	材料的弹簧模量	R	碟簧部分大端半径
μ_D	静摩擦因数	R_1	压盘加载点半径
μ_S	动摩擦因数	r_1	支承环加载点半径
μ	材料的泊松比	r_f	接触半径
h	膜片弹簧钢板厚度	λ_2	加载荷作用点变形
H	碟簧部分的内截锥高度	F_A	离合器压盘压力
r	碟簧部分小端半径	n	摩擦面数

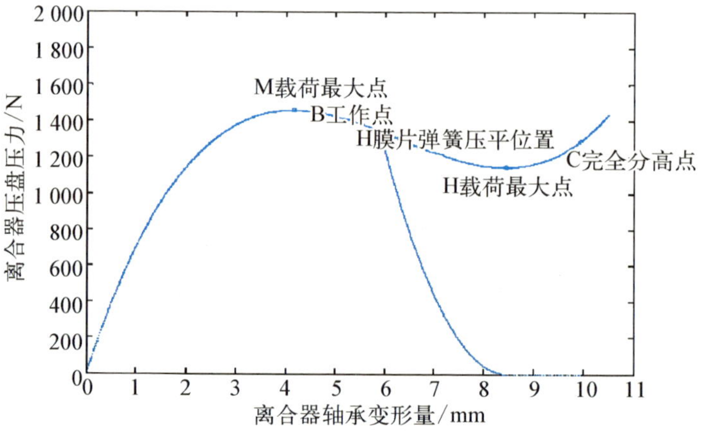

图 3-15　离合器膜片弹簧压紧力特性曲线

对于干式推式膜片弹簧离合器而言，分离轴承对分离指所加载荷与分离轴承对分离指所加载荷作用点变形的关系可以用式(3-3)[72-73]拟合：

$$F_2 = f(\lambda_2) = \left[\frac{\pi \cdot E \cdot h \cdot \lambda_2}{6 \cdot (1-\mu^2)}\right] \cdot \frac{In(R/r)}{(r_1 - r_f)^2} \cdot \left[\left(H - \lambda_2 \cdot \frac{R-r}{r_1 - r_f}\right) \cdot \left(H - \left(\frac{\lambda_2}{2}\right) \cdot \frac{R-r}{r_1 - r_f}\right) + h^2\right] \tag{3-3}$$

采用数学方法对离合器传递扭矩进行分析，离合器实际传递扭矩与离合器两端转速差、发动机扭矩及离合器位移有关，采用分段函数描述离合器的结合过程，其表达式如下：

$$T_C = \begin{cases} 0 & X < X_0 \\ n \cdot \mu_D \cdot \dfrac{2}{3} \cdot \dfrac{R^3 - r^3}{R^2 - r^2} \cdot F_A & X \geqslant X_0,\ |\Delta\dot{\theta}| \geqslant 0^* \\ T_e & X \geqslant X_0,\ |\Delta\dot{\theta}| < 0^*,\ T_e < T_{C,S} \\ n \cdot \mu_S \cdot \dfrac{2}{3} \cdot \dfrac{R^3 - r^3}{R^2 - r^2} \cdot F_A & X \geqslant X_0,\ |\Delta\dot{\theta}| < 0^*,\ T_e \geqslant T_{C,S} \end{cases} \tag{3-4}$$

2）变速器模型

EMT 采用的是定轴式变速器作为耦合装置，其主要功能跟传动变速器类似，起到减速增扭，优化发动机工况以及适应不同路况的作用。定轴式变速器采用齿轮进行动力传递，有传动效率高的优点。

考虑到变速器内部的摩擦损失以及搅油损失，变速器模型如下：

（1）稳态工况模型

稳态工况下变速器内部同步器处于完全结合状态，因此有

$$T_o = T_i i_g \eta \tag{3-5}$$

$$n_o = \frac{n_i}{i_g} \tag{3-6}$$

其中，T_i 为传递至变速器输入轴转矩，T_o 为传递至变速器输出轴转矩，η 为变速器传动效率，定轴式变速器传动效率一般在 90%～98%。

（2）瞬态工况模型

瞬态工况是变速器在换挡过程中，同步器结合的过程中，变速器处于变拓扑的过渡阶段，因此有

$$T_i - T_s / i_g = J_i \dot{\omega}_i \tag{3-7}$$

$$T_s - T_l / i_o = J_o \dot{\omega}_o \tag{3-8}$$

$$T_s = \frac{FfR}{\sin \alpha} \tag{3-9}$$

其中，J_i和J_o分别代表等效至输入轴的惯量和输出轴的惯量；T_s为同步器同步转矩；F为作用在换挡拨叉上的换挡力；R为摩擦锥面平均半径；f为工作锥面间的摩擦系数[74]。

3）驱动电机模型

本方案中采用的驱动电机为永磁同步电机，永磁同步电机具有高效、高控制精度、高转矩密度、良好的转矩平稳性及低振动噪声的特点[75-78]。在建立永磁同步电机数学模型的过程中，做以下基本假设[79-81]：① 忽略定子铁芯饱和，认为磁路线性，电感参数不变；② 不计铁芯涡流与磁滞等损耗；③ 转子上没有阻尼绕组。

对永磁同步电机的建模，现在研究普遍使用的是基于矢量变换的dq轴模型。在本文建立的永磁同步电机模型中，以A相绕组轴线作为定子静止参考轴，转子永磁极产生的基波磁场方向为直轴d轴，超前d轴$90°$电角度的位置是交轴q轴。并且以转子d轴相对于定子A相绕组轴线转过的角度作为转子位置角$\theta = \omega t$，即逆时针方向旋转为转速正方向。

根据文献[82]，电机在ABC坐标系、$\alpha\beta$坐标系、dq坐标系中的电压平衡方程分别如下：

永磁同步电机ABC坐标系电压平衡方程：

$$\begin{bmatrix} U_A \\ U_B \\ U_C \end{bmatrix} = \begin{bmatrix} R_S + \frac{d}{dt}L & & \\ & R_S + \frac{d}{dt}L & \\ & & R_S + \frac{d}{dt}L \end{bmatrix} \begin{bmatrix} i_A \\ i_B \\ i_C \end{bmatrix} - \omega_e \psi_f \begin{bmatrix} \sin\theta \\ \sin(\theta - 2\pi/3) \\ \sin(\theta + 2\pi/3) \end{bmatrix} \tag{3-10}$$

永磁同步电机 $\alpha\beta$ 坐标系电压平衡方程：

$$\begin{bmatrix} U_\alpha \\ U_\beta \end{bmatrix} = \begin{bmatrix} R_S + \frac{d}{dt}L & \\ & R_S + \frac{d}{dt}L \end{bmatrix} \begin{bmatrix} i_\alpha \\ i_\beta \end{bmatrix} + \omega_e \psi_f \begin{bmatrix} -\sin\theta \\ \cos\theta \end{bmatrix} \quad (3-11)$$

永磁同步电机 $d-q$ 坐标系电压平衡方程：

$$\begin{bmatrix} U_d \\ U_q \end{bmatrix} = R_S \begin{bmatrix} i_d \\ i_q \end{bmatrix} + \begin{bmatrix} L_d & 0 \\ 0 & L_q \end{bmatrix} \frac{d}{dt} \begin{bmatrix} i_d \\ i_q \end{bmatrix} + \omega_e \begin{bmatrix} 0 & -L_q \\ L_d & 0 \end{bmatrix} \begin{bmatrix} i_d \\ i_q \end{bmatrix} + \omega_e \psi_f \begin{bmatrix} 0 \\ 1 \end{bmatrix} \quad (3-12)$$

式中，U_A、U_B、U_C 为三相绕组相电压；i_A、i_B、i_C 为三相绕组相电流；L_d、L_q 为 dq 轴电感；R_S 为每相绕组电阻；ψ_f 为转子永磁体磁链；ω_e 为转子旋转电角速度。

可见，在旋转 dq 坐标系中，电压平衡方程与转子旋转角度 θ 完全解耦。基于这种思想，永磁同步建模的基本顺序如下：

（1）先将输入端的 ABC 三相电压 U_a、U_b 和 U_c 经过坐标变换换算成电机 dq 轴的旋转两相电压 U_d 和 U_q，如式(3－13)所示：

$$\begin{bmatrix} U_d \\ U_q \end{bmatrix} = T_{abc \to dq} \begin{bmatrix} U_a \\ U_b \\ U_c \end{bmatrix} \quad (3-13)$$

（2）在 dq 坐标系中由电压平衡微分方程解算出 I_d 和 I_q，如式(3－14)和式(3－15)所示：

$$\frac{d}{dt}I_d = \frac{U_d}{L_d} - \frac{R}{L_d}I_d + \frac{L_q}{L_d}\omega_e I_q \quad (3-14)$$

$$\frac{d}{dt}I_q = \frac{U_q}{L_q} - \frac{R}{L_q}I_q - \frac{L_d}{L_q}\omega_e I_d - \frac{\psi_f \omega_e}{L_q} \quad (3-15)$$

(3) 再经过坐标反变换由 I_d、I_q 算出 I_a、I_b、I_c，如式(3-16)所示：

$$\begin{bmatrix} I_a \\ I_b \\ I_c \end{bmatrix} = T^{-1}{}_{abc \to dq} \begin{bmatrix} I_d \\ I_q \end{bmatrix} \tag{3-16}$$

(4) 永磁同步电机机械模型

电动机的机械运动方程是固定的，不随坐标系的不同而变化，电机的机械运动方程为

$$T_e - T_l = J\frac{d\omega_m}{dt} + B\omega_m \tag{3-17}$$

式中，T_e 为电磁转矩；T_l 为负载转矩；J 为转子及负载惯量；B 为黏滞摩擦系数；ω_m 为电机机械转速。

永磁同步电机电磁转矩可以根据电磁功率与转子机械角速度之比求得：

$$T_e = \frac{3}{2}P[\psi_f I_q + (L_d - L_q)I_d I_q] \tag{3-18}$$

式中，P 为电机极对数。

在直轴电流为零的矢量控制方法中，$I_d = 0$：

$$T_e = \frac{3}{2}P\psi_f I_q \tag{3-19}$$

此时，电磁转矩与 I_q 成正比。

3.2.2 传动系统建模

传动系统各关键部件的模型是整个传动系统建模的基石，而单个部件相互之间的输入输出特性以及拓扑结构关系需要传动系统模型来阐述，每个瞬态过程中存在离合器脱开或者同步器脱开的过程，从而导致存在系统变拓扑的情况，本节详细介绍两个瞬态工况下的传动系统模型的建立。

1. 离合器不分离换挡过程传动系统模型

电机是实现离合器不分离换挡关键部件，因此实现离合器不分离换挡的工况是电机与输入轴耦合，离合器在换挡过程中一直保持结合状态，其动力学示意图如图 3-16 所示，将整个传动系模型简化为无刚度的惯量，根据换挡过程中的不同阶段可将整个动力学过程分为换挡前、换挡中和换挡后三个过程，详细建模如下。

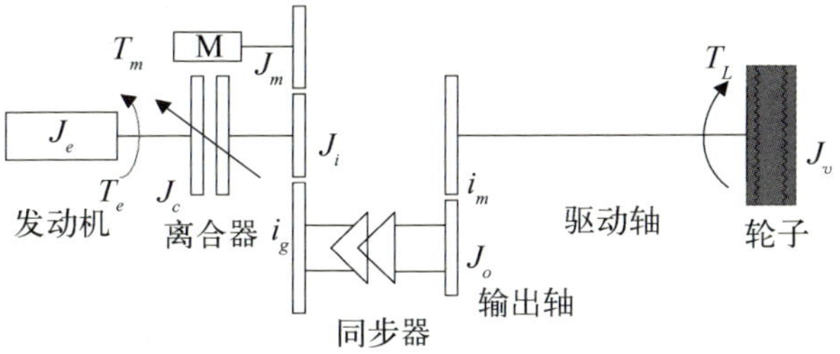

图 3-16　离合器不分离换挡过程示意图

(1) 换挡前：离合器保持结合，车辆以某一挡位保持正常行驶。

$$T_e + T_m i_i - T_{el} - T_l i_m i_g = (J_e + J_c + J_m i_i^2 + J_i + J_o / i_g^2 + J_v / i_m^2 i_g^2)\dot{\omega}_e \tag{3-20}$$

$$\omega_e = \omega_m / i_i = \omega_v i_m i_g \tag{3-21}$$

其中，T_e、T_m、T_{el}、T_l 分别代表发动机输出转矩、电机输出转矩、发动机内部阻力矩和来自整车等效到车轮的阻力矩；i_m、i_g、i_i 分别代表主减速器速比、变速器当前速比和电机到输入轴的速比；ω_e、ω_m 和 ω_v 分别代表发动机转速、电机转速和车轮转速；J_e、J_c、J_m、J_i、J_o 和 J_v 分别表示发动机以及飞轮惯量、离合器惯量、电机转子惯量、变速器输入轴惯量以及常啮合齿轮惯量、变速器输出轴惯量和整车换算到车轮的惯量。

(2) 摘挡后：离合器保持结合，完成摘挡动作，同步器脱开，传动系统隔断为两段，此时，发动机端惯量可进行调速控制，是离合器不分离换挡的关键阶段。其动力学模型如下：

$$T_e + T_m i_i - T_{el} = (J_e + J_c + J_m i_i^2 + J_i)\dot{\omega}_e \tag{3-22}$$

而同步器从动部分在脱开挡位后无动力源，所以有，

$$-T_l = (J_o i_m^2 + J_v)\dot{\omega}_v \tag{3-23}$$

(3) 换挡中：调速完成后即进行进挡动作，由于调速存在一定允许误差，因此，同步器同样存在同步过程，动力学模型如下：

$$T_e + T_m i_i - T_{el} - T_s i_g = (J_e + J_c + J_m i_i^2 + J_i)\dot{\omega}_e \tag{3-24}$$

$$T_s i_m - T_l = (J_o i_m^2 + J_v)\dot{\omega}_v \tag{3-25}$$

$$T_s = \frac{FR\mu}{\sin\alpha} \tag{3-26}$$

其中，T_s 代表同步器锥面摩擦转矩，F 为换挡力，R 为同步器锥面平均有效半径，μ 为锥面摩擦系数，α 为锥面锥角。

2. 动力不中断换挡过程传动系统模型

换挡过程中，通过将电机切换到输出轴来实现换挡过程中的动力补偿，从而实现动力不中断换挡，按照换挡过程传动系统的不同阶段，可将其过程分为如下五个过程：

(1) 换挡前：离合器保持结合，车辆以某一挡位保持正常行驶，其传动系统拓扑如图 3-17(a)所示。

$$T_e + T_m i_i - T_{el} - T_l i_m i_g = (J_e + J_c + J_m i_i^2 + J_i + J_o/i_g^2 + J_v/i_m^2 i_g^2)\dot{\omega}_e \tag{3-27}$$

$$\omega_e = \omega_m / i_i = \omega_v i_m i_g \tag{3-28}$$

(2) 电机摘挡脱开输入轴后：其传动系统拓扑如图 3-17(b)所示，整个传动系统中发动机为唯一动力源，因此有

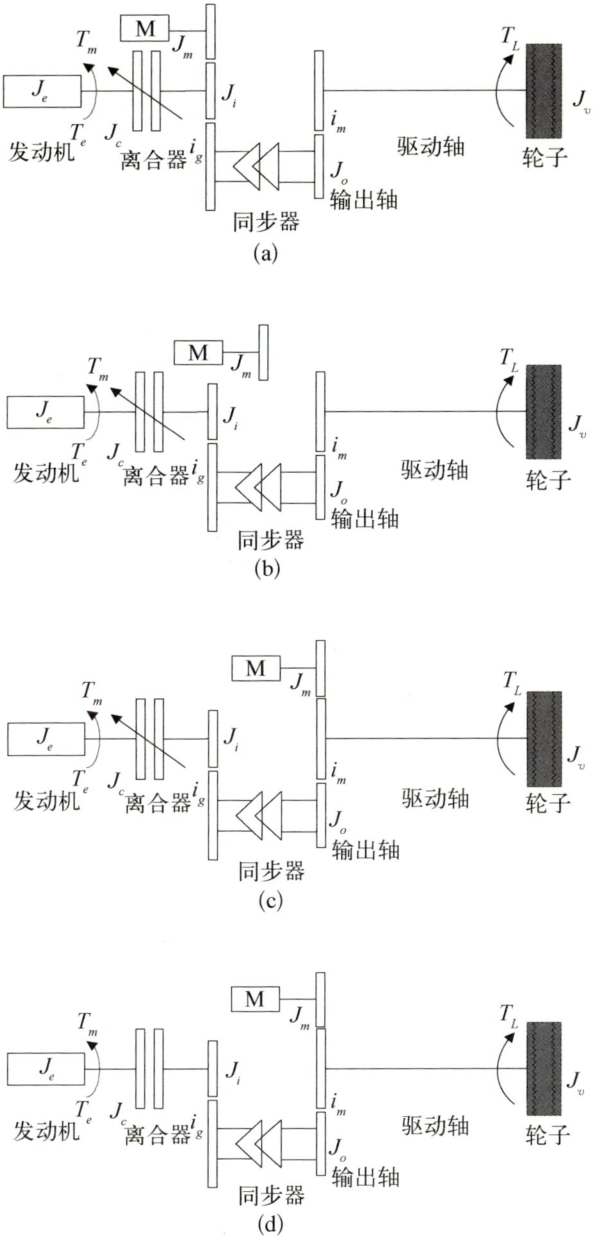

图 3－17　动力不中断换挡过程传动系拓扑示意图

$$T_e - T_{el} - T_l i_m / i_g = (J_e + J_i + J_o / i_g^2 + J_v / i_m^2 i_g^2)\dot{\omega}_e \tag{3-29}$$

$$\omega_e = \omega_v i_m i_g \tag{3-30}$$

而电机处于空载状态：

$$T_m = J_m \dot{\omega}_m \tag{3-31}$$

$$\omega_e = \omega_v i_m i_g \tag{3-32}$$

(3) 电机接入输出轴后：其传动系统拓扑如图 3-17(c)所示。

$$T_e + T_m i_o / i_g - T_{el} - T_l / i_m i_g = (J_e + J_m i_o^2 / i_g^2 + J_i + J_o / i_g^2 + J_v / i_m^2 i_g^2)\dot{\omega}_e \tag{3-33}$$

$$\omega_e = \omega_m i_g / i_o = \omega_v i_m i_g \tag{3-34}$$

(4) 离合器分离过程中

电机在切换至输出轴之后进行动力补偿，即可分离离合器，进行换挡动作，离合器分离过程又分为分离过程中和分离后，分离过程中离合器处于滑模阶段，因此有

$$T_e - T_{el} - T_c = J_e \dot{\omega}_e \tag{3-35}$$

$$T_c i_g i_m + T_m i_o i_m - T_l = (J_m i_o^2 i_m^2 + J_i i_m^2 i_g^2 + J_o i_m^2 + J_v)\dot{\omega}_v \tag{3-36}$$

$$\omega_m / i_o i_m = \omega_v \tag{3-37}$$

(5) 离合器分离后

离合器分离后，电机作为唯一动力源，通过联结电机和输出轴的齿轮组将动力输出到输出轴，因此有

$$T_e - T_{el} = J_e \dot{\omega}_e \tag{3-38}$$

$$T_m i_o i_m - T_l = (J_m i_o^2 i_m^2 + J_i i_m^2 i_g^2 + J_o i_m^2 + J_v)\dot{\omega}_v \tag{3-39}$$

$$\omega_m / i_o i_m = \omega_v \tag{3-40}$$

3.3　本章小结

本章介绍了新型有源传动装置 EMT 的结构、工作原理和各种工作模式，在此基础上对 EMT 传动系统各关键部件如发动机、电机、离合器、变速器和整车进行了建模，结合两个瞬态过程即离合器不分离换挡和动力不中断换挡对传动系统进行动力学建模，为离线仿真平台的建立和控制算法的开发打下基础。

第4章

EMT关键瞬态过程控制算法及仿真

有源传动装置涉及机电领域的关键零部件，因此，相关控制涉及面较广，系统级的有整车层面的控制，如能量管理和能量分配、整车协调控制等，子部件级的有单个关键部件的控制，如驱动电机转速和转矩控制、发动机控制、换挡控制等，由于本书重点研究动力不中断换挡和离合器不分离换挡两个瞬态过程，因此，本章重点介绍两个瞬态过程中发动机和电机在瞬态过程中各自的转速、转矩控制以及相互之间的协调控制。

本章以一辆排量为1.6 L的A级轿车作为仿真研究对象，其模型中有关整车及关键部件的主要参数见表4-1。

表4-1　模型中关键参数

发动机惯量(kg·m^2)	0.06	驱动电机峰值功率(kW)	60
输入轴惯量(kg·m^2)	0.003	驱动电机峰值转矩(N·m)	94
整车质量(kg)	1 360	发动机最大功率(W)	75
轮胎半径(m)	0.308	一挡速比	3
滚阻系数	0.018	二挡速比	2.2
SI速比	1.5	三挡速比	1.31
迎风面积(m^2)	2.1	四挡速比	0.97
风阻系数	0.26	主减速器速比	4.2

续 表

SO 速比	1.3	驱动电机同步转速(r/min)	6 000
驱动电机额定功率(kW)	30	发动机最大输出转矩(N・m)	140
驱动电机额定转矩(N・m)	47	发动机最高转速(r/min)	6 000

4.1 关键部件控制算法

发动机和电机是动力系统中的关键部件，在模式切换或者换挡过程中，都会涉及两个动力源的调速控制或者转矩控制，第 3 章也简要介绍了在离合器不分离换挡和动力不中断换挡两个瞬态过程中需要涉及发动机调速和电机调速控制，下面分别介绍电机调速控制算法和发动机调速控制算法。

4.1.1 电机调速控制算法

当电机与发动机在变速器输入轴进行动力耦合时，换挡过程中，需要将电机在输入轴与输出轴之间进行切换，因此，需对电机进行转速控制，由于本方案采用的是永磁同步电机，因此，电机调速控制采用目前最流行而且最有效的矢量控制。

矢量控制[83]实际上是对电机定子电流矢量相位和幅值的控制。其基本原理是通过测量和控制电机定子电流矢量，根据磁场定向原理，在电机同步旋转坐标系下的数学模型基础上，分别对电机的直轴电流 i_d 和交轴电流 i_q 加以控制，即控制定子电流矢量，从而达到控制电机转矩的目的，这种控制方式就称为矢量控制[84]。

因为永磁同步电机在矢量控制过程中没有感应电机中存在的转差频

率电流，而且受参数（主要是转子参数）的影响小，所以，在永磁同步电机上更容易实现矢量控制。由于矢量控制系统采用电动机的动态数学模型，控制的是瞬时值，转矩动态响应速度快，调速范围广，能对转矩进行精确控制，适用于宽范围调速系统和伺服系统[85]。目前，矢量控制技术已成为高性能永磁同步电机伺服驱动主要的控制方法。

对永磁同步电机的矢量控制框图如图 4-1 所示。其核心即通过坐标变换，先将电机的三相系统经过 CLARK 变换等效为两相系统，再经过按转子磁场定向的同步旋转 PARK 变换实现定子电流直轴分量与交轴分量之间的解耦，从而达到对交流电机的磁通和电流分别控制的目的[86]。从永磁同步电机的转矩公式可以看出，当电机永磁体的永磁磁通 ψ_f 和直、交轴电感 L_d、L_q 确定以后，电机的转矩便取决于定子电流矢量 $\boldsymbol{I}_s$。而定子电流矢量 $\boldsymbol{I}_s$ 是直轴电流 $\boldsymbol{I}_d$ 和交轴电流 $\boldsymbol{I}_q$ 的矢量和，其大小和相位取决于 $\boldsymbol{I}_d$ 和 $\boldsymbol{I}_q$。因此，矢量控制就是通过对这两个电流的控制，使实际的 $\boldsymbol{I}_d$ 和 $\boldsymbol{I}_q$ 通过电流控制环跟踪目标的 $\boldsymbol{I}_d^*$ 和 $\boldsymbol{I}_q^*$ 来实现对电机的转矩控制[87,88]。

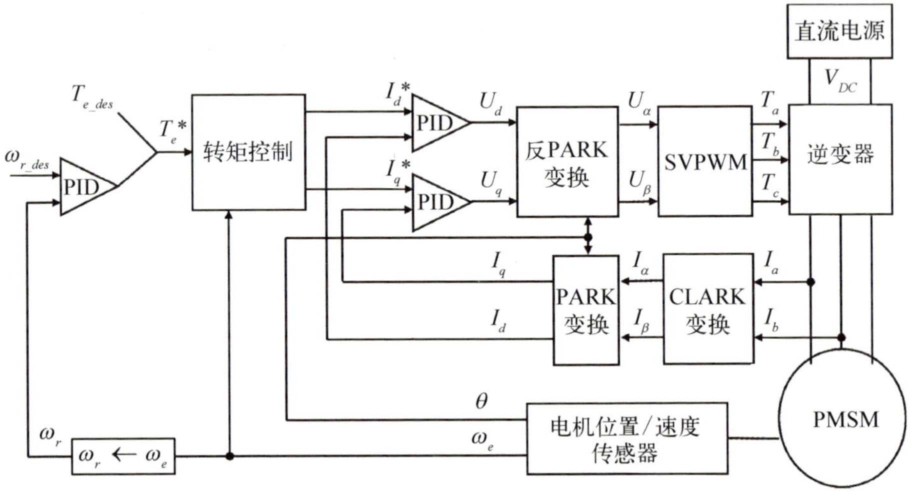

图 4-1　永磁同步电机矢量控制系统框图

在模拟控制系统中，控制器最常用的控制规律是 PID 控制。模拟 PID 控制系统原理框图如图 4－2 所示[89]，系统由模拟 PID 控制器和被控对象组成。

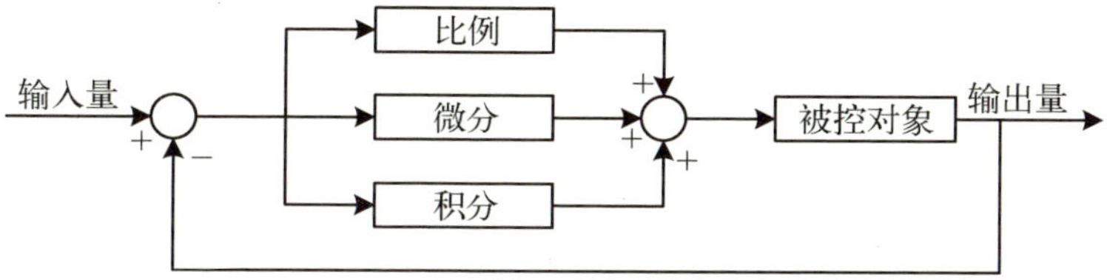

图 4－2　模拟 PID 控制系统原理

PID 控制器是一种线性控制器，它根据目标值 $rin(t)$ 与实际输出值 $yout(t)$ 比较后，构成控制偏差：

$$error(t) = rin(t) - yout(t) \tag{4-1}$$

PID 控制规律为

$$u(t) = k_p\left(error(t) + \frac{1}{T_I}\int_0^t error(t)\mathrm{d}t + \frac{T_D \mathrm{d}error(t)}{\mathrm{d}t}\right) \tag{4-2}$$

式中，k_p 为比例系数，T_I 为积分时间常数，T_D 为微分时间常数。

因为实际控制是一种采样控制，它只能根据采样时刻的偏差值计算控制量。因此，连续 PID 控制算法并不适合直接使用，需要进行离散化处理。以一系列的采样时刻点 kT 代表连续时间 t，以矩形法数值积分近似代替积分，以一阶后向差分近似代替微分，即

$$\begin{cases} t \approx kT \ (k = 0,\ 1,\ 2,\ \cdots) \\ \displaystyle\int_0^t error(t)\mathrm{d}t \approx T\sum_{j=0}^{k} error(jT) = T\sum_{j=0}^{k} error(j) \\ \displaystyle\frac{\mathrm{d}error(t)}{\mathrm{d}t} \approx \frac{error(kT) - error((k-1)T)}{T} \\ \displaystyle\qquad = \frac{error(k) - error(k-1)}{T} \end{cases} \tag{4-3}$$

则可得

$$u(k)=k_p(error(k)+\frac{T}{T_I}\sum_{j=0}^{k}error(j)+\frac{T_D}{T}(error(k)-error(k-1)))$$
$$=k_p error(k)+k_i\sum_{j=0}^{k}error(j)+k_d(error(k)-error(k-1)) \tag{4-4}$$

其中，$k_i=k_pT/T_I$，$k_d=k_pT_D/T$，T 为采样周期，k 为采样序号，$k=1$，2，…，$error(k-1)$ 和 $error(k)$ 分别是第 $(k-1)$ 和第 k 时刻所得的偏差信号。

根据递推原理，可得

$$u(k-1)=k_p error(k-1)+k_i\sum_{j=0}^{k-1}error(j)+k_d(error(k-1)-error(k-2)) \tag{4-5}$$

增量式 PID 控制算法：

$$\Delta u(k)=u(k)-u(k-1)$$
$$=k_p(error(k)-error(k-1))+k_i error(k)+k_d(error(k)-2error(k-1)+error(k-2)) \tag{4-6}$$

4.1.2 发动机调速控制算法

动力不中断换挡过程中需要对发动机进行转矩和转速控制，实现平顺的转矩转移和消除离合器主、从动盘的转速差。

为实现良好的驾驶性能，发动机控制系统（EMS）允许子系统（如起动控制、怠速控制、转速控制、零部件保护控制等）、车辆功能要求（如真空助力转向、空调运行等)、传动系统控制(如自动变速器换挡等)以及驾驶性要求暂时接管发动机转矩控制。

转矩形成时,有两种可供选择的控制路径来调节输出转矩。一是通过电子节气门改变进气量,这是一种缓慢过渡的方法,主要是针对平稳的操作;二是采用调节点火正时或关闭某个气缸喷油的快速响应方式,这种方法可以迅速对转矩产生的动态变化做出反应。目前商用车用发动机采用 J1939[90-91]通用协议进行发动机转矩控制,而乘用车发动机目前无统一标准,不同厂家采用不同的控制协议和方式。本书通过 CAN 通讯协议,将发动机目标转矩指令通过 TCU 发送至 EMS,EMS 根据接收到的转矩指令对节气门、喷油量以及喷油时刻进行控制[92]。

转速控制根据升挡和降挡工况不同,换挡过程中发动机转速控制分为降速与升速控制,发动机在没有额外缓速器的传统 AMT 系统来降速,降速有较大局限性,因此降速是其控制难点。而升速可通过加大喷油,容易实现。断油和加大喷油控制都由 TCU 短时发送发动机目标转矩来实现。

1. 发动机降速控制 PID+Bang-Bang+前馈控制算法

升挡时,要求发动机能够以尽量短的时间将转速降至目标转速,而发动机降速只能采用断油依靠其内部阻力来实现。断油控制可通过 TCU 利用 CAN 发送零值的发动机目标转矩,接管发动机 EMS 的转矩控制。达到目标转速后需要维持发动机转速以便离合器结合,这时,要求发动机发出维持当前转速所需的稳定转矩 T_s,由发动机特性可知,维持任意转速都有与之对应的发动机稳定转矩[93],如图 4－3 所示。

为了能够快速平稳地到达目标转速,采用“PID+Bang-Bang+前馈控制”的联合控制算法,如图 4－4 所示,模态决策的条件为转速差 $\Delta\omega$,当 $\Delta\omega$ 大于某一阀值时,采用 Bang-Bang[94]控制以获得最快的发动机减速度,目标转矩值为零,此时可理解为断油控制;当主、从动端转速差 $\Delta\omega$ 小于一定

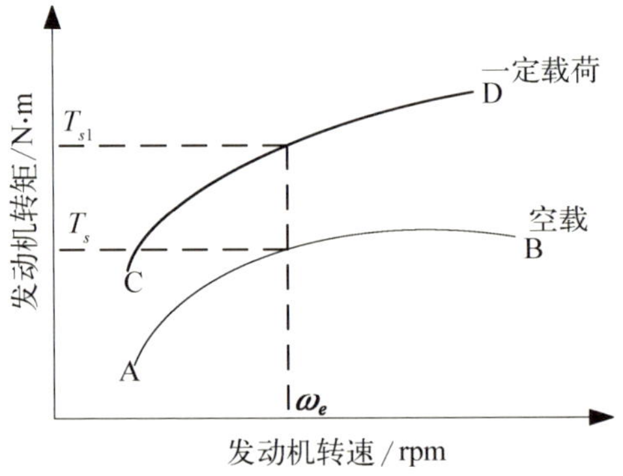

图 4-3 发动机载荷特性图

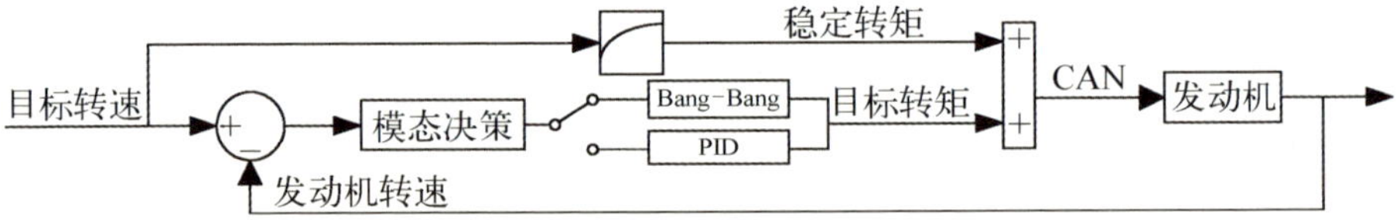

图 4-4 发动机降速联合控制算法

阀值时，切换到 PID 控制，将发动机转速平稳调整到目标转速。当发动机转速调整到目标转速后，采用前馈控制得到的稳定转矩稳定发动机转速，以保证换挡品质。

2. 发动机升速 PID+前馈控制算法

降挡时，要求发动机以最短的时间将转速提升到目标转速，升速控制对于发动机来说相对较容易，采用“PID+前馈”算法即可满足控制要求，如图 4-5 所示。

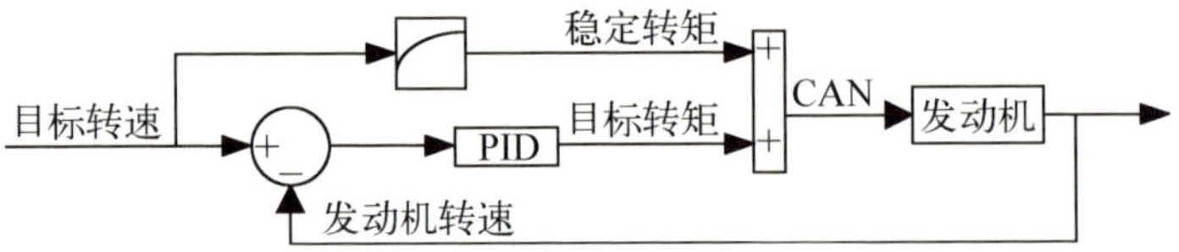

图 4-5 发动机升速联合控制算法

4.2　EMT 离合器不分离换挡过程控制算法与仿真

频繁换挡是传统定轴式齿轮变速器的一个技术特点[52]，不同的工况和不同的驾驶员驾驶意图都要求变速器及时换挡，以满足驾驶性能需求[95,96]。AMT 换挡过程控制是当前的研究热点，离合器控制因为存在膜片弹簧的非线性特征，因此，离合器结合过程容易使传动系统产生冲击，同时，离合器分离与结合过程导致换挡时间加长，影响整车动力性，因此，针对离合器控制的一些智能控制算法比如模糊控制、自适应控制、参数识别和滑模控制等是当前的研究热点[97-103]，多种智能控制算法在离合器控制的应用也反映了离合器控制的难度。离合器不分离换挡方案可以有效地规避离合器控制，从而避免离合器工作中带来的换挡冲击，另外，由于换挡过程中离合器不用分离和重新结合，可以有效地缩短换挡时间，从而可以缩短动力中断的时间，有效地改善换挡品质。但同时对同步器主动端（包括发动机、飞轮和离合器）的整体惯量的调速控制提出很高的控制要求[104]，力求高的控制精度。

4.2.1　离合器不分离换挡对同步器的影响

离合器不分离换挡导致被同步惯量“剧增”，因此，其同步过程与传统换挡过程的同步器过程有着较大差异，这种差异主要体现在同步器摩擦锥面上的滑磨功的大小，传统的换挡过程滑磨功为（以同步器在输出轴为例）：

$$W = \frac{1}{2} J_i i_g^2 (| \omega_2^2 - \omega_1^2 |) \tag{4-7}$$

其中，W 为滑磨功，J_i 为变速器输入轴以及常啮合齿轮的惯量，ω_2 为同步端的转速，ω_1 为被同步端的转速。

离合器不分离换挡过程中产生在摩擦锥面间的滑磨功为

$$W=\frac{1}{2}(J_e+J_i+J_m i_i^2)i_g^2(|\omega_2^2-\omega_1^2|) \tag{4-8}$$

根据变速器厂家提供的数据，变速器输入轴以及常啮合齿轮的总惯量 J_i 大约为 0.003 kg·m²，而发动机惯量和飞轮惯量 J_e 大约为 0.06 kg·m²，电机转子惯量 J_m 为 0.008 kg·m²，因此，离合器不分离换挡过程中被同步惯量大约为 0.081 kg·m²，被同步惯量相当于传统换挡过程中被同步惯量的 27 倍左右，因此，若离合器不分离换挡过程中不进行精确的转速控制，同步器的工况将会远超出其原设计标准，导致过度磨损，寿命缩短。

以 AMT 换挡过程中的常规极限工况为例，同步器主从动部分速差最大的工况出现在一挡换二挡的换挡过程中，常规换挡时的发动机转速为 2 000～3 000 r/min，此处，假设换挡时发动机转速为 3 000 r/min，一挡速比为 3.818，二挡速比为 2.158，同步器位于输出轴，假设换挡过程中车速不变，因此有

$$\omega_1=\frac{\omega_e}{i_{g1}}=82.3\ \text{rad/s}$$

$$\omega_2=\frac{\omega_e}{i_{g2}}=145.6\ \text{rad/s}$$

离合器分离换挡过程的同步器的滑磨功为

$$W=\frac{1}{2}J_i i_g^2(\omega_2^2-\omega_1^2)=100.7\ \text{J}$$

若要对离合器不分离换挡过程中的同步器主动端进行转速控制，以使得其同步过程中的滑磨功与传统换挡相当，即令式(4-7)与式(4-8)相等，得到 $\omega_2=816$ r/min，而 $\omega_1=785$ r/min 在换挡过程中几乎保持恒定，因

此，只要同步器主动端与从动端速差 $\Delta\omega$ 在 29 r/min 之内，即可保证离合器不分离换挡和传统换挡过程同步器的滑磨功相当，而换算到电机端的控制精度为 $\Delta\omega \cdot i_g \cdot i_i = 96$ r/min，因此，只要对于电机的控制精度保证在 100 r/min 之内，即可保证离合器不分离换挡过程中同步器滑磨功与传统换挡相当。

同样，若同步器在输入轴，则有，

$$\omega_1 = \frac{\omega_e}{i_{g1}} = 177.5 \text{ rad/s}$$

$$\omega_2 = \frac{\omega_e}{i_{g2}} = 314.2 \text{ rad/s}$$

离合器分离换挡过程的同步器的滑磨功为

$$W = \frac{1}{2} J_i (\omega_2^2 - \omega_1^2) = 100.7 \text{ J}$$

由上式可见，不管同步器是在输入轴还是在输出轴，同步器摩擦锥面的滑磨功都是一样的。

若要对离合器不分离换挡过程中的同步器主动端进行转速控制，以使得其同步过程中的滑磨功与传统换挡相当，即令式(4－7)与式(4－8)相等，得到 $\omega_2 = 1\,761$ r/min，而 $\omega_1 = 1\,695$ r/min 在换挡过程中几乎保持恒定，因此，只要同步器主动端与从动端速差 $\Delta\omega$ 在 66 r/min 之内，即可保证离合器不分离换挡和传统换挡过程同步器的滑磨功相当，而换算到电机端的控制精度为 $\Delta\omega \cdot i_i = 99$ r/min，因此，只要对于电机的控制精度保证在 100 r/min 之内，即可保证离合器不分离换挡过程中同步器滑磨功与传统换挡相当。

综上所述，不管同步器位于变速器输入轴还是输出轴，为保证同步器的摩擦功与传统 AMT 相当，需对同步器被同步端的传动系统惯量进行精确调速，而且调速精度控制在±100 rmp 以内。

4.2.2 离合器不分离换挡过程控制策略

离合器不分离换挡过程与传统 AMT 换挡过程最典型的区别是离合器在换挡过程中不需分离和重新结合，在第 3 章中已经简单概述了离合器不分离换挡过程的控制时序，如图 4－6 所示，其详细控制过程如下。

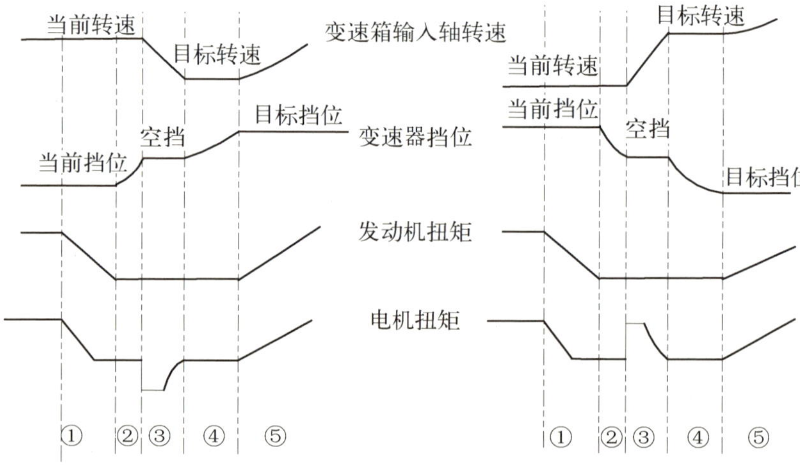

图 4－6　离合器不分离换挡时序图

1. 发动机和电机卸扭阶段

在接收到来自 TCU(Transmission Control Unit)换挡指令后，需将同步器主动端的转矩卸掉，以确保拨叉摘挡时不传递动力，从而避免摘挡时对齿面的刮伤，卸扭必然带来传动系统的转矩波动，而转矩波动必然会导致传动系统的冲击，因此在卸扭过程中需控制好转矩的变化率，以确保换挡平顺性。

2. 摘挡阶段

当发动机和电机的实际输出转矩下降至 0 附近时，即可执行摘挡命令，由于动力源发动机和电机都卸扭，导致整车失去动力即所谓的动力中断，为缩短换挡过程中的动力中断时间，摘挡动作所花时间应越少越好。

3. 被同步端惯量调速阶段

由上节分析得知，调速阶段是离合器不分离换挡整个控制过程中最为重要的一环，其控制精度直接决定了同步器的寿命，从而决定了整个技术方案的成功与否。此阶段有发动机和电机双动力源，因此可根据需求和所选的控制策略，可以发动机或者电机单独调速，甚至可以双动力源共同调速。根据上节分析结果，电机转速的控制精度应该保证在 100 r/min 以内。

4. 进挡阶段

当同步器主、从动端的速差在控制精度范围内时即可进行进挡动作，已完成换挡，此阶段与传统换挡无区别，进挡时间一方面取决于同步器主、从动端的速差，另一方面取决于换挡电机的输出转矩，同样为缩短动力中断时间，应尽快完成进挡动作。

5. 动力源动力恢复

完成换挡后，发动机和电机即可恢复转矩至换挡前的水平，从而完成整个换挡过程。同样在动力恢复过程中会引起传动系统的转矩变化，应控制好动力源的转矩恢复速度，保证换挡过程中的舒适性。

4.2.3　离合器不分离换挡过程的评价指标

1. 冲击度

冲击度 j 表征汽车纵向加速度的变化率，反映换挡过程的平顺性，影响驾乘舒适性、传动系寿命[105-107]。冲击度是研究换挡品质的重要指标，能够真实地反映乘员的舒适感受，从而真实地反映换挡品质。

$$j=\frac{\mathrm{d}a}{\mathrm{d}t}=\frac{\mathrm{d}^2v}{\mathrm{d}t^2} \tag{4-9}$$

式中，a 为车辆纵向加速度，v 为车辆纵向速度。

离合器不分离换挡时，冲击主要存在于同步器结合及主驱动电机和发动机扭矩协调变化时。换挡前为使同步器顺利脱开，需要对发动机和主驱动电机进行扭矩卸载，其扭矩的综合变速率影响整车的舒适性。换挡同步器前端惯量相对于传统汽车来说增大，同步器同步时主、从动端存在一定速差，结合时会产生冲击。

不同油门下换挡过程中乘员的主观评价表明，一般，冲击度 $j \leqslant 5\ \mathrm{m/s^3}$ 时，乘员的主观感受区分度并不明显。也就是说，在正常条件下，小于 $5\ \mathrm{m/s^3}$ 的冲击度，乘员一般都可以接受。而当冲击度大于 $5\ \mathrm{m/s^3}$ 时，主观评价可以分辨冲击的大小。

在换挡过程中，要求实际冲击度不能超过所推荐的最大冲击度，并以此关系作为车辆换挡平顺性的约束条件，即 $|j| < j_{\max}$。$j_{\max}$ 的值各国根据乘员的主观感受的不同有不同的选取标准，德国选 $10\ \mathrm{m/s^3}$，中国选择 $17.64\ \mathrm{m/s^3}$[108]。

2. 换挡时间

由于离合器不分离换挡过程中存在动力中断，因此换挡时间是评价离合器不分离换挡的一重要指标，换挡时间主要包括摘挡、调速和进挡时间，时间越短，表征控制效果越好[109-111]。

3. 滑磨功

过渡过程的滑磨功主要由离合器滑磨功和同步器滑磨功组成。离合器结合时，主、从动部分存在转速差，引起离合器滑磨而产生滑磨功；同步器结合时，主、被动齿轮间的转速差引起同步器滑摩而产生滑磨功。滑磨功[112,113]是指摩擦副主、从动部分之间滑动摩擦力做的功，实际上反映了摩擦副主、从动部分的磨损情况，是耐久性和安全性要求的主要评价指标，是离合器和同步器的磨损情况的量化表示。在实际应用中，经常发生因热负荷过大而离合器或同步器烧损的现象，衡量热负荷的重要指标就是滑磨功。滑磨功越大，离合器和同步器寿命就越短。

同步器滑磨功可表示为

$$W_s = \int_0^t T_s \cdot | \omega_a(t) - \omega_b(t) | \mathrm{d}t \tag{4-10}$$

若将车速在换挡过程中看作近似不变，同步器滑磨功也可近似记作，

$$W_s = \frac{1}{2} J_i (\omega_2^2 - \omega_1^2) \tag{4-11}$$

其中，T_s 为同步器滑摩时摩擦力矩，$\omega_a(t)$ 为主动部分转速，$\omega_b(t)$ 为从动部分转矩。

在同步器同步过程中，同步器主、从动端之间的转速差通过摩擦锥面的滑磨来消除。而滑磨产生的热量使摩擦片的温度升高，会加剧摩擦片的磨损。因此，在同步器的同步过程中，应力求使主、从动端的转速差尽量减小，从而实现滑磨功 W_s 尽可能小。

4.2.4　同步器被同步端调速控制策略

1. 调速方案选择与验算

由上节分析可知，离合器不分离换挡过程中的同步器主动端惯量或者叫同步器被同步端惯量是传统 AMT 的 27 倍左右，因此，在进挡前对该惯量进行调速是关乎该技术方案成败的关键技术。由于被同步惯量中存在电机和发动机两个动力源，也为调速控制带来了多重方案的可能，如电机或者发动机单独调速，或者两个动力源共同调速。但考虑到发动机的转矩波动和转矩延迟特性，影响调速控制的响应速度和精度，因此应尽量避免发动机参与调速，而电机有响应速度快、转矩和转速控制精度高的优点，因此研究选用电机单独调速，以满足离合器不分离换挡的要求。

文献[54]介绍了基于发动机调速的离合器不分离换挡技术，并且成功实现了在传统 AMT 上的离合器不分离换挡，同步器主动端惯量升速 2 000 r/min需 0.5 s左右，降速 1 000 r/min 大约需要 0.5 s。而换挡过程中，毕竟同步器速差是有限的，以速差最大的工况即二挡换一挡，假如发

动机以 3 500 r/min 的转速时刻进行换挡的极限工况为例，参照表 4 - 1 的参数表可知，发动机目标转速为 5 273 r/min，因此，发动机最大速差大约为 1 800 r/min，为保证换挡响应速度和缩短换挡时间，本书将调速指标定位 0.3 s 内调速 1 800 r/min。

根据公式

$$T = J\dot{\omega} \tag{4-12}$$

$$\Delta\omega = \int \dot{\omega} \mathrm{d}t \tag{4-13}$$

可算得 0.3 s 内同步器主动端升速 1 800 r/min 时需要电机发出 40 N·m 的恒转矩，而电机的峰值功率是 60 kW，峰值转矩为 95 N·m，因此，即使算上电机的启动时间和制动时间，单电机也足以满足同步器主动端惯量的调速需求，降速也一样，此处不再进行验证。

2. 调速控制算法

为了满足准而快的调速过程以改善离合器不分离换挡品质的需求，本文选用基于最小值原理的时间最优控制算法。

对于一个线性定常系统，其时间最优控制问题是完全可控的，可表述为如下：

$$\dot{x}(t) = Ax(t) + Bu(t) \tag{4-14}$$

其中，$x(t) \in R^n$，$u(t) \in R^m$，A、B 矩阵维数适当，在最优控制输入 $u^*(t)$ 下，使得系统从已知状态

$$x(0) = x_0 \tag{4-15}$$

转移到状态空间原点：

$$x(t_f) = 0 \tag{4-16}$$

并使性能指标

$$J=\int_{0}^{t_f}\mathrm{d}t \tag{4-17}$$

最小。

显然，上述问题属于非时变、积分型性能指标、t_f 自由和末端受约束的最优控制问题。根据极小值原理，令哈密顿函数

$$H(\boldsymbol{x},\boldsymbol{\lambda},\boldsymbol{u},t)=1+\lambda^T(t)\{\boldsymbol{Ax}(t)+\boldsymbol{Bu}(t)\} \tag{4-18}$$

则方程为

$$\dot{x}(t)=\frac{\partial H}{\partial\lambda}=Ax(t)+Bu(t) \tag{4-19}$$

$$\dot{\lambda}(t)=-\frac{\partial H}{\partial x} \tag{4-20}$$

可解得

$$u^*(t)=-\operatorname{sgn}[B^T\lambda] \tag{4-21}$$

令 $$g_j(t)=B^T\lambda(t)$$

则最优控制量应取

$$u^*(t)=-\operatorname{sgn}[g_j(t)]=\begin{cases}+1, & g_j(t)<0\\ -1, & g_j(t)>0\end{cases} \tag{4-22}$$

设在区间 $[t_0,t_f]$ 内，存在时间可数集合：

$$t_{\beta j}=\{t_{1j},t_{2j},\cdots\}\in[t_0,t_f],\ j=1,2,\cdots,m$$

使有

$$g_j(t)=B^T\lambda(t)=\begin{cases}0, & t=t_{\beta j}\\ \text{非零}, & t\neq t_{\beta j}\end{cases},\ \forall j=1,2,\cdots,m$$

则时间最优控制是正常的。

正常的时间最优控制问题，其 $u^*(t)$ 与 $g_j(t)$ 的关系如图 4-7 所示。

函数 $g_j(t)$ 仅在有限个孤立的时间瞬间取零值，相应的最优控制量 $u^*(t)$ 为分段常值函数，且在函数 $g_j(t)$ 过零时刻发生跳变。$u^*(t)$ 这种控制规律称为 Bang-Bang 控制律，可用极小值求解。奇异时间最优控制问题，其 $u^*(t)$ 与 $g_j(t)$ 的关系如图 4-8 所示，函数 $g_j(t)$ 在整个子区间 $[t_1, t_2]$ 上取零值，这时，由 $u^*(t)=-\operatorname{sgn}[g_j(t)]$ 无法确定最优控制 $u^*(t)$，即无法用极小值原理求解。

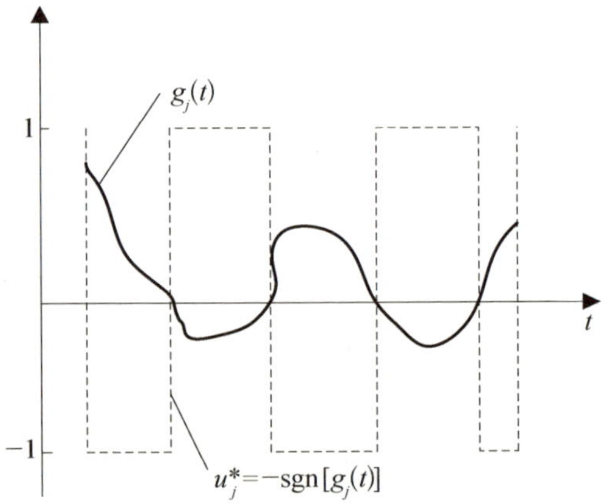

图 4-7　正常时间最优控制问题

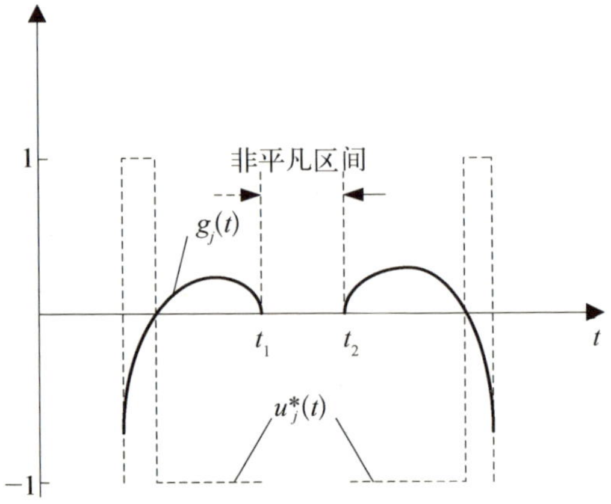

图 4-8　奇异时间最优控制问题

对于线性定常系统，存在以下定理：

令 $$B=[b_1, b_2, \cdots, b_m]$$

当且仅当

$$rankG_j = rank[b_j, Ab_j, \cdots, A^{n-1}b_j] = n,\ \forall j = 1, 2, \cdots, m$$

式中，$b_j \in R^n$，则问题是正常的。

时间最优控制是最优输入在极大极小值之间来回切换，而切换次数由有限切换定理决定。有限切换定理表述如下：

设线性定常系统是正常的，$n \times n$ 系统矩阵 $\boldsymbol{A}$ 的全部特征值均为实数，时间最优控制 $u^*(t)$ 存在，其分量为 $u_j^*(t)$。令 $t_{\beta j}$ 表示 $u_j^*(t)$ 的切换时刻，则 $u_j^*(t)$ 在两个边界值之间切换次数 $N \leqslant n-1$。其中，n 是系统的维数。

由上节的同步器被同步端的控制策略分析可知，由电机单独调速即可满足系统的需求，此工况下，挡位已经脱开，所以，发动机、离合器以及电机等惯量组成的同步器被同步端惯量处于空载调速状态，并且考虑到电机的实际转矩响应时间常数 t_m，因此，系统的状态方程可描述为如下方程：

$$\begin{cases} \dfrac{d\omega_m}{dt} = \dfrac{T_{m\_T}}{J} \\ \dfrac{dT_{m\_T}}{dt} = -\dfrac{T_{m\_T}}{t_m} + \dfrac{T_{m\_R}}{t_m} \end{cases} \Rightarrow \begin{bmatrix} \dfrac{d\omega_m}{dt} \\ \dfrac{dT_{m\_T}}{dt} \end{bmatrix} = \begin{bmatrix} 0 & \dfrac{1}{J} \\ 0 & -\dfrac{1}{t_m} \end{bmatrix} \begin{bmatrix} \omega_m \\ T_{m\_T} \end{bmatrix} + \begin{bmatrix} 0 \\ \dfrac{1}{t_m} \end{bmatrix} T_{m\_R} \tag{4-23}$$

其中，J 为等效到电机轴的同步器被同步端总惯量，T_{m_T} 为电机实际输出转矩，T_{m_R} 为电机目标转矩。

令 $$x=[x_1, x_2]' = [\omega_m, T_{m\_T}]',\ u = T_{m\_R}$$

控制变量：T_{m_R}；

状态变量：ω_m，T_{m_T}；

初始状态：$t_0 = 0, \omega_m, T_{m\_T}$ 为常数；

末端状态：t_1 自由，ω_m, T_{m_T} 为常数。

因此 $$\dot{x} = Ax + Bu,$$

其中， $$A = \begin{bmatrix} 0 & \frac{1}{J} \\ 0 & -\frac{1}{t_m} \end{bmatrix}, B = \begin{bmatrix} 0 \\ \frac{1}{t_m} \end{bmatrix}$$

根据文献[114]可知，电机的转矩时间常数一般为毫秒级，而且，上文中已经验证电机最大转矩为 40 N · m 即可满足调速需求，考虑电机启动和制动时间，本文取最大转矩为 50 N · m。

电机单独调速问题可看作是线性定常系统：$\dot{x}(t) = Ax(t) + Bu(t)$，在满足容许控制 $u(t)$ 下，将系统从初始状态转移至末端状态，并使时间最短的问题。

$$\text{由于} rankG = rank[B,\ AB] = rank \begin{bmatrix} 0 & \frac{1}{t_m J_m} \\ \frac{1}{t_m} & -\frac{1}{t_m^2} \end{bmatrix} = 2$$

因此，上述问题是可控的，同时也是正常的，因此可用极小值原理确定其时间最优控制规律[115]。而且，正常的时间最优控制问题的控制规律是分段常值函数，也称为 Bang-Bang 控制律。Bang-Bang 控制问题中的控制分量是在自己的两个边界值之间来回切换，切换次数不超过系统系数矩阵阶次减 1，故上述问题的 Bang-Bang 控制切换次数不超过 1。

定义系统性能指标为

$$J = \int_0^{t_f} \mathrm{d}t = t_f \tag{4-24}$$

根据极小值原理，构造 Hamilton 函数：

$$H(x,\ \lambda,\ u,\ t) = 1 + \lambda^T(t)\{Ax(t) + Bu(t)\} \tag{4-25}$$

将系统状态矩阵代入上式，得到

$$H(x,\ \lambda,\ u,\ t) = 1 + \left\{\frac{\lambda_1(t)}{J} - \frac{\lambda_2(t)}{t_m}\right\}x_2(t) + \frac{\lambda_2(t)}{t_m}u(t) \tag{4-26}$$

其中，输入控制变量是 u，满足 $|u| \leqslant T_{m\_max} = 50\ \text{N} \cdot \text{m}$。要使上式取最小，控制输入需要满足下列基于伴随向量 λ 的符号函数的 Bang-Bang 控制率：

$$u^*(t) = T_{m\_max} sign\{B^T\lambda\} = \begin{cases} +T_{m\_max}, & \lambda_2(t) < 0 \\ -T_{m\_max}, & \lambda_2(t) > 0 \end{cases} \tag{4-27}$$

由协态方程

$$\begin{aligned} \dot{\lambda}_1(t) &= -\frac{\partial H}{\partial x_1} = 0 \\ \dot{\lambda}_2(t) &= -\frac{\partial H}{\partial x_2} = \frac{\lambda_1(t)}{J_m} - \frac{\lambda_2(t)}{t_m} \end{aligned} \tag{4-28}$$

可解出

$$\lambda_2(t) = c_1 e^{-\frac{t}{t_m}} + c_2\frac{t_m}{J} \tag{4-29}$$

c_1 和 c_2 是不同时为零的两个常数，根据 c_1 和 c_2 的不同正负组合，$\lambda_2(t)$ 和最优控制量 $u^*(t)$ 的曲线可能为以下四种情况，如图 4－9 所示，这也验证了上述得出的切换次数不超过 1 的结论。

为了进一步阐明系统的运动规律，设最优控制输入取为 $u^* = T_{m\_max}$，将 u^* 代入系统状态方程，可得

$$\dot{x}_1 = \frac{x_2}{J},\ \dot{x}_2 = -\frac{x_2}{t_m} + \frac{T_{m\_max}}{t_m} \tag{4-30}$$

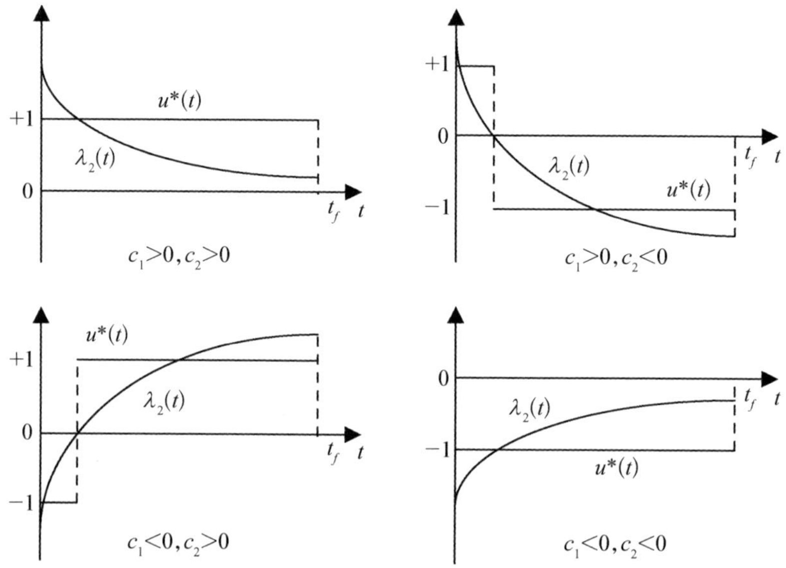

图 4-9　c_1和 c_2分别取不同符号时 $\lambda_2(t)$与 $u^*(t)$可能的变化曲线

求解上述微分方程组，其中，初始状态 $x_1(0)=\omega_{ref}$，$x_2(0)=0$，解得

$$\begin{aligned} x_1(t) &= (T_{m\_max}t + T_{m\_max}t_m e^{-t/t_m} - T_{m\_max}t_m + \omega_{ref}J)/J \\ x_2(t) &= T_{m\_max} - e^{-t/t_m}T_{m\_max} \end{aligned} \tag{4-31}$$

消去时间变量 t，可以得到系统此时的相轨迹方程：

$$x_1 = -\frac{t_m}{J}x_2 - \frac{T_{m\_max}\cdot t_m}{J}\ln\left(1-\frac{x_2}{T_{m\_max}}\right)+\omega_{ref} \tag{4-32}$$

同样地，若设最优控制输入为 $u^*=-T_{m\_max}$，系统此时的相轨迹方程为

$$x_1 = -\frac{t_m}{J}x_2 + \frac{T_{m\_max}\cdot t_m}{J}\ln\left(1+\frac{x_2}{T_{m\_max}}\right)+\omega_{ref} \tag{4-33}$$

结合上面两式，我们可以得到完整的相轨迹如图 4-10(a)所示。从图上可以看到，相轨迹图由两簇随 ω_{ref} 变化而变化的曲线组成，其中，当 ω_{ref} 为 0 时的两条相轨迹与原点相交。采取时间最优的 Bang-Bang 控制，就是

首先使系统状态以最快的速度向这两条曲线靠近，然后再沿这两条曲线到达目标原点。

相平面上的开关曲线如图 4-10(b)所示。当设定位移 $\omega_{ref}>0$ 时，例如，系统初始状态在图中的点 A，则最优控制 $u^{*}=-T_{m\_max}$，相轨迹沿曲线 ABC 运动。当状态到达两条曲线的交点 C 时，最优控制切换至 $u^{*}=+T_{m\_max}$，此时，相轨迹沿曲线 CO 运动到达原点 O。相反，当设定位移 $\omega_{ref}<0$ 时，最优控制会在点 E 处从 $+T_{m\_max}$ 切换至 $-T_{m\_max}$，相轨迹为曲线 DEO。

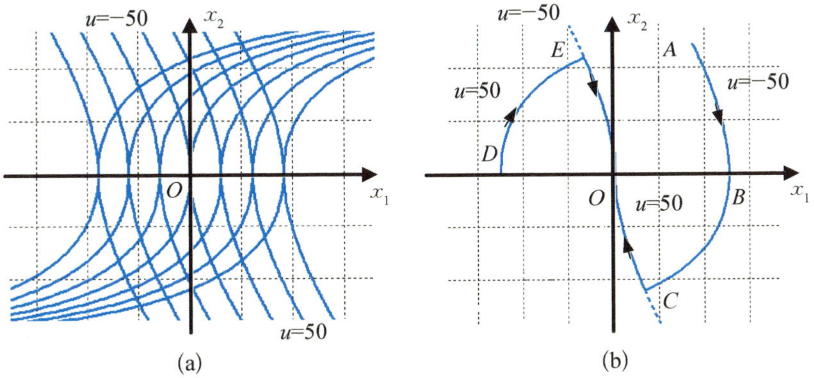

图 4-10　(a) 相轨迹图;(b) 相平面上的开关曲线

从图 4-10 中可以看出，切换点最多只存在一个，而根据系统的初始状态和终了状态，控制输入至少会切换一次才能满足控制的要求，由此可知，切换点有且只有一个。为了找出这一个切换点，需要求取两条分别满足初始状态和终了状态的相轨迹曲线的交点。

由初始状态 $x(0)=[\omega_{ref}\quad 0]^{T}$ 和最终目标状态 $x(t_f)=[0\quad 0]^{T}$，根据式(4-32)和式(4-33)求取两条曲线的交点，其中，在式(4-31)中，$\omega_{ref}=0$，就可以求解出切换点处的状态：

$$x_2^{switch}=T_{m\_max}\sqrt{1-e^{\frac{J_m}{T_{m\_max}\cdot t_m}\omega_{ref}}}\qquad(4-34)$$

x_2^{switch} 即为所要求的换向点处的状态 x_2 的值。当系统在起初的加速过程中，一旦状态 x_2 达到了 x_2^{switch} 这个值，最优输入就需要改变符号。如果设定转速为正，则最优输入须由正切换至负，如果为负，则最优输入须由负切换为正。

3. 动力源转矩卸扭和动力恢复控制策略

在卸扭或者动力恢复阶段，传动系统都处于某一个挡位正常行驶，整个传动系统以单自由度进行动力传递，不管是卸扭阶段还是动力恢复阶段都处于动力中断和动力传递的交叉阶段，对换挡时间以及整车动力性有较大影响，理论上应尽快完成此状态，但过快的卸扭或者动力恢复会造成传动系统转矩波动，从而导致换挡冲击，因此，卸扭或者动力恢复速度和换挡冲击是一对"矛盾体"，下面对该瞬态过程中的传动系统冲击度的影响因素进行分析。卸扭和动力恢复过程的控制过程示意图如图 4－11 所示。

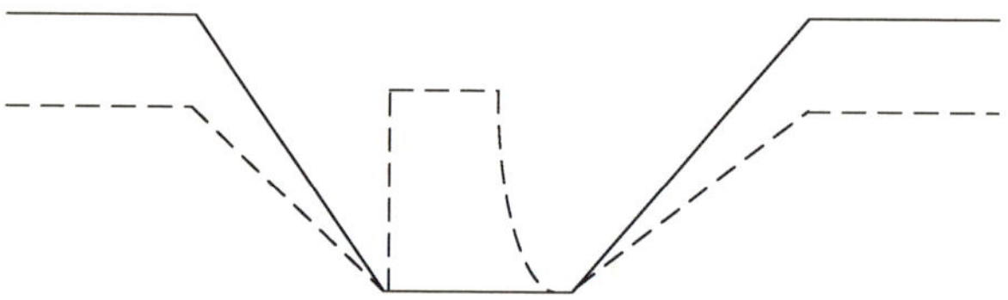

图 4－11　离合器不分离换挡过程中转矩控制示意图

由于车速在换挡过程中变化较小，因此，将车速在换挡过程中看作恒定值，因此，轮边的阻力转矩可视为恒定值，对式(3－20)和式(3－21)进行微分，得到

$$\dot{T}_e + \dot{T}_m i_i = (J_e + J_c + J_m i_i^2 + J_i + J_o/i_g^2 + J_v/i_m^2 i_g^2)\ddot{\omega}_e \quad (4-35)$$

$$\ddot{\omega}_e = \ddot{\omega}_m / i_i = \ddot{\omega}_v i_m i_g \quad (4-36)$$

从而得到冲击度 j：

$$j = \ddot{\omega}_v R = \frac{\dot{T}_e + \dot{T}_m i_i}{(J_e + J_c + J_m i_i^2 + J_i + J_o/i_g^2 + J_v/i_m^2 i_g^2) i_m i_g} R \quad (4-37)$$

其中，R 为轮胎半径。由公式可知，离合器不分离换挡过程中的整车冲击度主要影响因素是发动机和电机的转矩变化率，上文中已经提到国内外有关冲击度的标准，本文选用德国的 $j_{\max} = 10\ \mathrm{m/s^3}$ 标准，因此有

$$j = \frac{\dot{T}_e + \dot{T}_m i_i}{(J_e + J_c + J_m i_i^2 + J_i + J_o/i_g^2 + J_v/i_m^2 i_g^2) i_m i_g} R \leqslant j_{\max} \tag{4-38}$$

即

$$\dot{T}_e + \dot{T}_m i_i \leqslant \frac{j_{\max}}{R}(J_e + J_c + J_m i_i^2 + J_i + J_o/i_g^2 + J_v/i_m^2 i_g^2) i_m i_g \tag{4-39}$$

因此，只要保证电机与发动机的转矩变化率之和小于上式的阀值，即可保证整车的换挡平顺性。

4.2.5　离合器不分离换挡仿真结果

以一挡升二挡为例，离合器不分离换挡仿真结果如图 4-12 和图 4-13 所示，在 6.98 s 时刻接收到换挡指令，立即对电机和发动机进行卸扭，在 7.18 s 时刻完成卸扭后即可进行变速器摘挡动作，在 7.33 s 完成摘挡后即可进行同步器主动端惯量的调速控制，由于是升挡需要降速，因此，根据最优控制算法，电机的转矩设定在最小值即 −50 N·m，并在 7.47 时刻进行唯一一次的状态切换，并于 7.53 s 时刻完成调速过程，然后进行进挡动作，在 7.74 s 时刻完成进挡后恢复两个动力源的转矩至能量管理层算法给定的转矩，于 8.02 s 完成整个换挡过程。

整个过程用时 1.04 s，换挡过程中保持离合器完全结合，调速过程由于电机转矩比较大，电机调速过程迅速而精确，用时 0.2 s 完成。换挡过程中，由于挡位脱开，存在一定动力中断现象，导致换挡过程中车速有一定下降的现象。换挡平顺性方面在动力源卸扭和恢复动力阶段出现了一定冲击

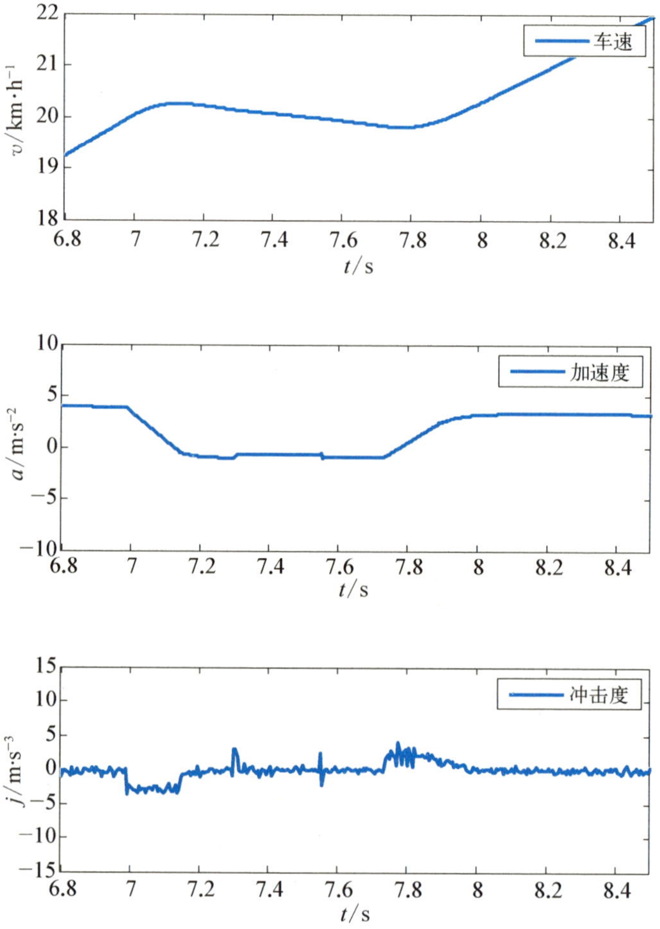

图 4－12　离合器不分离换挡仿真结果(a)

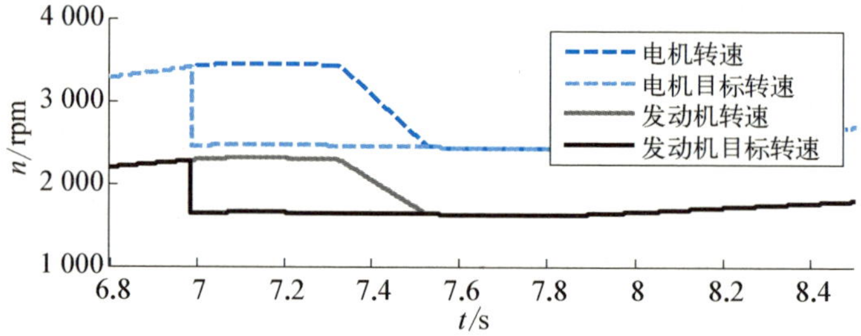

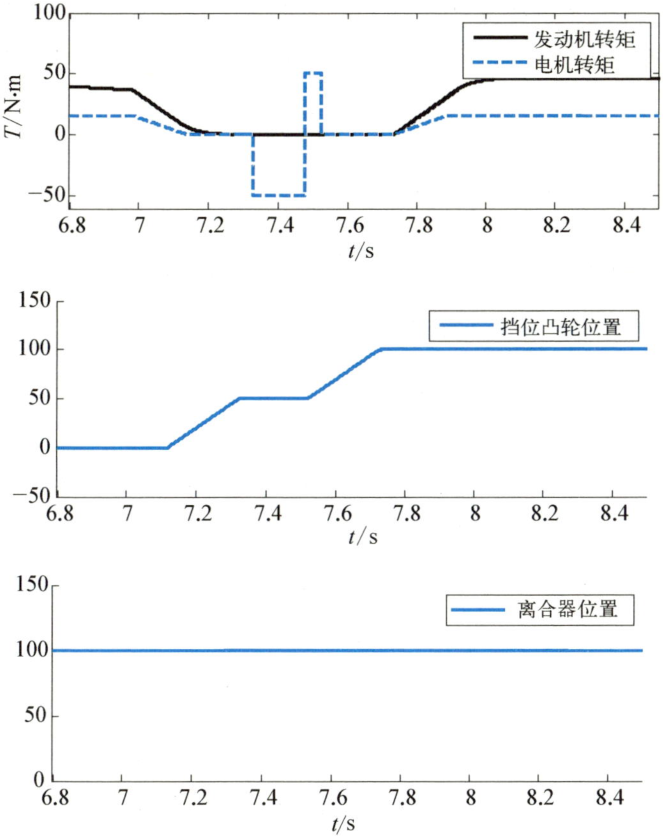

图 4－13　离合器不分离换挡仿真结果(b)

度，但均在容许冲击度范围内，达到预期控制目标要求。因此，仿真结果显示上文提到的控制算法可以有效地实现离合器不分离换挡，并能保证良好的换挡品质。

4.3　动力不中断换挡控制算法与仿真

动力中断是传统定轴式齿轮变速器的固有缺陷，也严重制约了其市场占有率，而有源传动装置为解决动力不中断的问题带来了可能。在第 3 章中简要介绍了 EMT 动力不中断换挡的控制过程，本节详细介绍动力不中断换挡原理并提出动力不中断换挡过程中的关键技术及其控制策略。

4.3.1　动力不中断换挡过程系统级控制策略

本文的有源传动方案最大的特点是电机可以根据工况需求，可自由地在变速器输入轴和输出轴进行切换，电机在输入轴和在输出轴的控制过程有一定差异，下面分别详细介绍。

1. 电机在输入轴时动力不中断换挡控制策略

当电机在输入轴进行动力耦合时，换挡前需将电机切换到输出轴，整个过程的控制目标是尽量保证传递到车轮的转矩保持不变，具体过程如下。

1）电机脱开输入轴及发动机动力补偿

换挡前电机通过输入轴与发动机进行动力耦合，以某一挡位进行行驶，当接收到换挡指令后，为保证换挡时电机可以在输出轴进行动力补偿，需在执行换挡动作前先将电机从输入轴脱开，由于电机在输入轴和输出轴之间切换的装置为同步器，因此，与传统换挡类似，在脱开前需先把电机转矩卸掉，以防止同步器刮伤。同时，电机卸扭的过程中，须对发动机进行转矩控制，相应地，将发动机转矩提升一定转矩以保证传递到输出轴的转矩不会有大的差异。当电机转矩卸为 0 N·m 左右时，即可进行电机脱开动作。

2）电机调速并切换到输出轴

电机脱开输入轴后，为切换到输出轴，需要进行主动调速，以消除电机与输出轴之间的转速差，当电机转速与目标速度小于一定阀值时，即可进行电机进挡动作。

3）电机进行动力补偿

在电机切换至输出轴之后即可进行动力补偿，传统的补偿方法是离合器分离过程中进行补偿，但由于离合器的非线性特性并且难以获得精确的离合器转矩模型，因此，给离合器分离过程中进行动力补偿有较大的困难，容易带来换挡冲击。本书提出在离合器分离前进行动力补偿的方法，即在离合器分离前逐渐减小发动机的转矩至怠速转矩，同时，电机的转矩逐渐提升，将发动机减少的转矩通过电机补偿回来，以保证输出到输出轴转矩保持不变，但如果电机发出的最大转矩不足以完全补偿发动机的转矩，即用电机的最大转矩进行动力补偿。

4）换挡及发动机调速

在发动机实际转矩降至怠速转矩后，即可分离离合器，由于发动机输出转矩为 0 N·m，因此，离合器分离过程中也不会对传动系统造成较大的波动，然后执行选换挡动作，在执行换挡命令的同时，对发动机进行主动调速，以消除离合器主、从动盘之间的转速差，为再次结合离合器做准备。

5）离合器结合

离合器结合时，由于发动机的主动调速，主、从动盘的速差可以控制在较小的范围内，同时，发动机的状态为保持恒定转速状态，输出转矩几乎为零，因此，离合器结合时，对整个传动系统来讲，不会带来转矩波动，因此，离合器结合可以尽快地完成。

6）发动机动力恢复以及电机切回输入轴

在离合器完全结合完成整个换挡过程之后，可将电机转矩将至 0 N·m，同时恢复发动机转矩，同样，此过程中应配合好发动机与电机的转矩变化速率，尽量保证输出轴上转矩保持不变。当电机实际转矩降到目标转矩附近时，可执行电机脱开输出轴动作，并进行空载调速，调到目标转矩后将电机切换至输入轴，然后将发动机和电机的转矩恢复至换挡前的数值。

2. 电机在输出轴时动力不中断换挡控制策略

当电机在变速器输出轴与发动机进行动力耦合时，电机不需在输入轴与输出轴之间进行切换，其控制过程相对简单，详细控制过程如下。

1）发动机卸扭

在换挡前，先将发动机的转矩转移到位于输出轴的电机，提前进行动力补偿，以为换挡过程做准备，同样，过程中控制好电机和发动机的转矩变化速率，以尽量保证传递到输出轴的转矩保持恒定。

2）换挡过程以及发动机调速

发动机实际输出转矩将至 0 N·m 后，即可进行离合器分离和选换挡动作，同时对发动机进行主动调速，以消除离合器主、从动端的速差。

3）离合器结合

在换挡动作完成之后，即可结合离合器，同样，发动机的状态为保持恒定转速状态，输出转矩几乎为零，因此，离合器结合时，对整个传动系统来讲，不会带来转矩波动，因此，离合器结合可以尽快地完成。

4）动力源转矩恢复

离合器完全结合后，即可进行动力源的转矩恢复，将发动机转矩恢复到换挡前的转矩值，而电机也将转矩降低到换挡前的转矩值。

4.3.2 动力补偿控制策略

动力不中断换挡的最关键技术是电机进行动力补偿技术，也是动力不中断换挡控制的根本目标，当电机在输入轴时进行动力不中断换挡时，由上文中提到的控制策略可知，整个换挡过程中存在四次转矩交叉转移（电机转矩转移至发动机或者发动机转矩转移至电机），而电机在输出轴时的动力不中断换挡也存在两次转矩交叉转移，转矩交叉转移示意图如图 4-14 所示，在完成转矩交叉转移后，需电机单独提供动力以补偿发动机的动力损失。下面对转矩交叉转移过程和电机单独驱动进行动力补偿过程分别介绍控制策略。

图 4-14　动力不中断换挡过程转矩交叉转移过程示意图

1. 控制目标

1）冲击度

电机与发动机在转矩交替转移过程中各自都有转矩波动，配合不好容易造成传动系统的冲击，由式（4-38）分析得知，传统系统的冲击主要取决于电机与发动机的转矩变化率，因此，需要匹配好两个动力源的转矩变化率。

2）动力补偿系数

在离合器完全脱开之后，由电机单独作为动力源将转矩传递至输出轴，最理想的情况是电机可以完全补偿换挡前两个动力源传递至车轮的转矩，但电机的功率和转矩毕竟有限，当超出电机的能力时，只能用电机的最大能力进行动力补偿。本节将动力补偿系数定义为换挡过程中电机单独进行动力补偿时传递到车轮的转矩与换挡前传递到车轮的转矩之比，用 β 表示，动力补偿是为了补偿换挡前传递至车轮的转矩，为了保证换挡平顺性，最佳补偿系数为 1，因此，动力补偿系数的控制目标是尽量靠近 1。

当电机在输入轴进行耦合时：

$$\beta = \frac{T_{mb} i_o}{(T_{ma} i_i + T_e) i_g} \tag{4-40}$$

而当电机在输出轴进行耦合时：

$$\beta = \frac{T_{mb} i_o}{T_{ma} i_i + T_e i_g} \tag{4-41}$$

其中，T_{ma} 为换挡前电机输出转矩，T_{mb} 为动力补偿时电机输出转矩。

2. 双动力源转矩交叉转移控制策略

动力不中断换挡过程中需要将转矩在电机和发动机之间相互转移以实现电机脱开输入轴或者输出轴，还有，实现离合器分离时，也需要将发动机的转矩转移至电机，以确保离合器分离和电机脱挡时传动系统所传递到车轮的转矩不会有大的波动。

因此，当电机在输入轴进行耦合时，尽量保证传递到变速器输入轴的转矩保持不变，因此有

$$T_{ma}i_i + T_e = T'_{ma}i_i + T'_e \tag{4-42}$$

同时，为保证换挡平顺性，有

$$\dot{T}_e + \dot{T}_m i_i \leqslant \frac{j_{\max}}{R}(J_e + J_c + J_m i_i^2 + J_i + J_o/i_g^2 + J_v/i_m^2 i_g^2)i_m i_g \tag{4-43}$$

由于双动力源进行转矩交叉转移时一个转矩变化率为正，一个为负，因此，冲击度相对容易控制。

3. 动力补偿时电机控制策略

动力补偿时电机的动力补偿目标是尽量保证传递到输出轴的转矩在换挡前和换挡中保持不变，当电机的最大转矩不足以补偿换挡前的总转矩时，电机以当前可输出的最大转矩进行补偿。

当电机在输入轴时，电机补偿转矩 T_{mb} 为

$$T_{mb} = \begin{cases} \dfrac{(T_{ma}i_i + T_e)i_g}{i_o} & if\ \dfrac{(T_{ma}i_i + T_e)i_g}{i_o} < T_{m\_\max} \\ T_{m\max} & if\ \dfrac{(T_{ma}i_i + T_e)i_g}{i_o} \geqslant T_{m\_\max} \end{cases} \tag{4-44}$$

当电机在输出轴时，电机补偿转矩 T_{mb} 为

$$T_{mb} = \begin{cases} \dfrac{T_{ma}i_o + T_e i_g}{i_o} & if\ \dfrac{T_{ma}i_o + T_e i_g}{i_o} < T_{m\_\max} \\ T_{m\max} & if\ \dfrac{T_{ma}i_o + T_e i_g}{i_o} \geqslant T_{m\_\max} \end{cases} \tag{4-45}$$

4. 动力不中断换挡仿真分析

由于混合动力模式下电机都有在变速器输入轴和输出轴进行动力耦合，因此动力不中断换挡分电机在 SI 和 SO 模式进行验证。

1）SI 模式动力不中断换挡

以二挡升三挡为例，仿真结果如图 4－15 和图 4－16 所示，在 11.75 s 时刻接收到换挡指令后，进行电机卸扭，同时，发动机升扭进行补偿，卸扭后，进行电机摘挡，以便切换至输出轴，在 12.06 s 完成摘挡后，进行电机调速，在 12.08 s 完成调速过程，即可进行电机进挡以切换至输出轴，在 12.38 s 结束进挡后，将发动机的动力输出转移至电机，用电机来补偿动力输出，并于 12.63 s 完成电机与发动机的动力转移，而发动机卸扭完成后，即进行离合器分离，离合器完成分离后，进行选换挡动作的同时进行发动机调速，以消除离合器再次结合时的速差，由于发动机降速只能依靠内部阻力，调速过程于 13.5 s 时刻完成并耗时 0.6 s，发动机调速完成后，立即结合离合器，然后将电机的动力转移至发动机，实现电机卸扭以切换回输入轴，在 14.03 s 完成

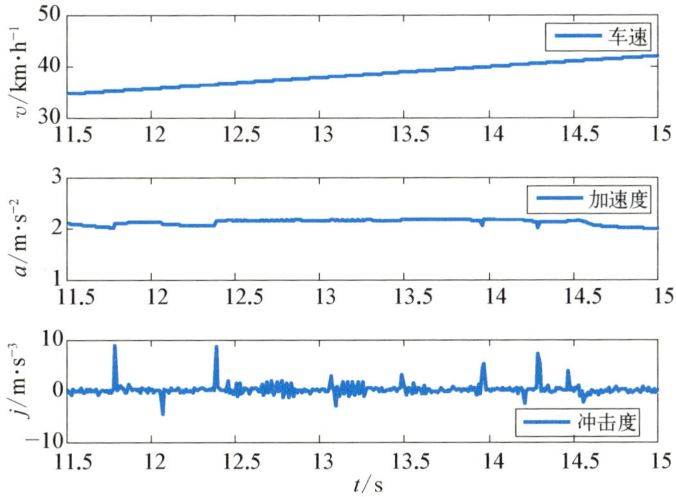

图 4－15　SI 动力不中断换挡换挡仿真结果(a)

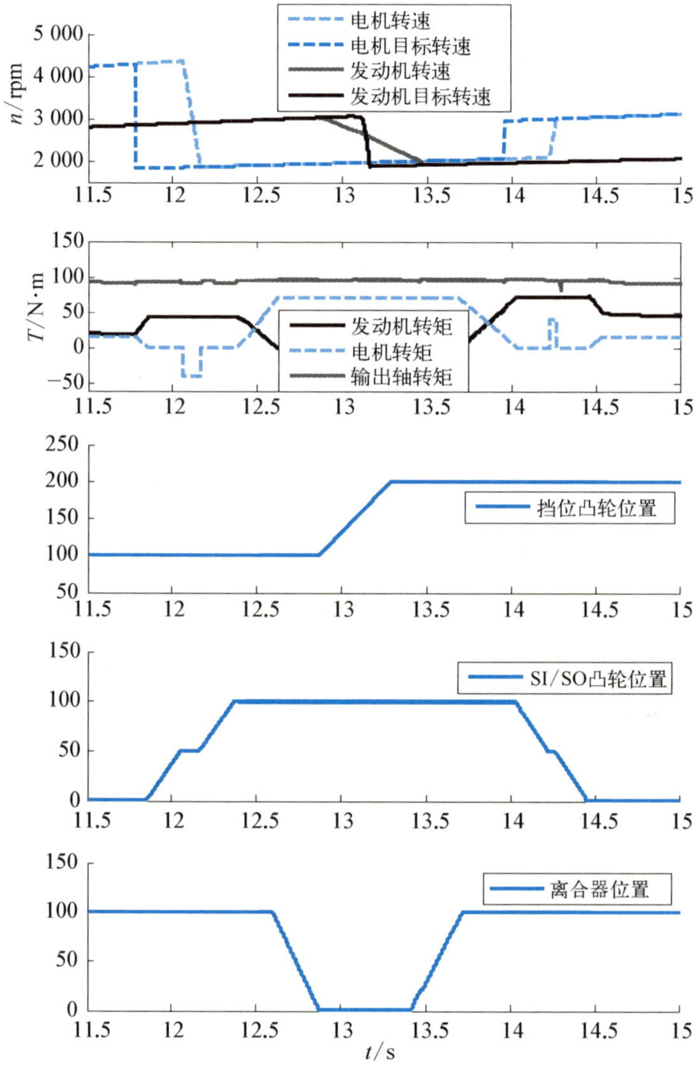

图 4-16　SI 动力不中断换挡仿真结果(b)

电机卸扭后，即可进行电机的摘挡—调速—进挡动作，最后将电机与发动机转矩恢复至能量管理层算法给定的转矩，并于 14.55 s 时刻完成整个过程。

由以上试验结果可知，整个换挡过程耗时 2.8 s，换挡过程中，实现了传递至输出轴转矩基本保持恒定的目标，加速度基本保持恒定，实现了换挡过程中的动力不中断的功能，电机调速迅速而平稳。在动力源动力转移过渡过程中冲击度出现一定波动，但在容许范围内，符合预期控制目标。

2）SO 模式动力不中断换挡

SO 模式的动力不中断换挡过程时序相对简单，仿真结果如图 4－17 和图 4－18 所示，在 16.06 s 时刻接收到换挡指令，将发动机进行卸扭的同

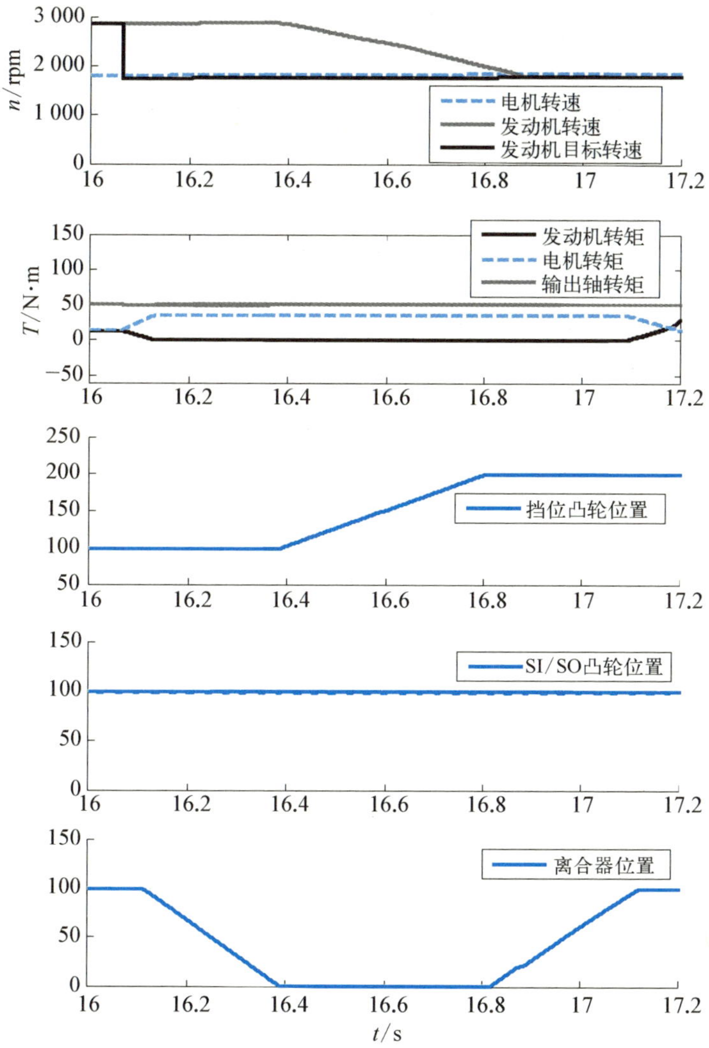

图 4－17　SO 动力不中断换挡仿真结果(a)

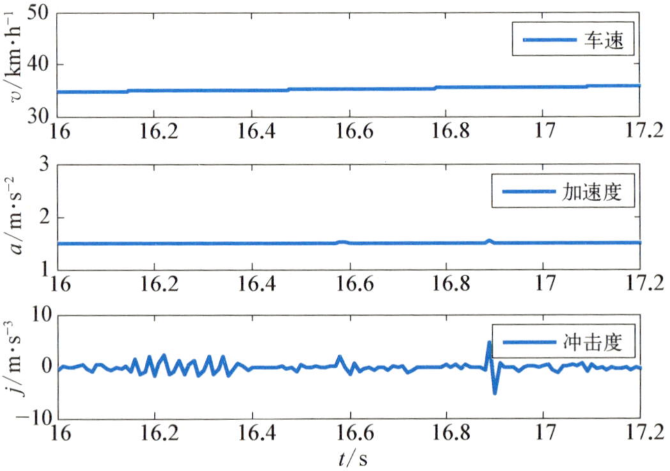

图 4－18　SO 动力不中断换挡换挡仿真结果(b)

时，电机增加动力输出以弥补发动机的动力损失，在 16.14 s 实现动力转移后，将离合器分离，然后进行变速器换挡动作的同时对发动机进行调速以消除离合器再次结合时的速差，并于 16.87 s 完成发动机调速后结合离合器，在 17.11 s 完成离合器完全结合后将电机和发动机转矩恢复至能量管理层算法给定的转矩，并于 17.2 s 完成整个换挡过程。

由以上分析可知，整个换挡过程用时 1.14 s，发动机调速用时 0.58 s，加速度基本保持恒定，车速稳中有升，实现了动力不中断的功能，而且整个换挡过程中冲击度都控制在比较合理的范围内，未出现大的冲击，整个过程达到了控制预期目标。

4.4　本 章 小 结

本章分别对两个典型瞬态过程即离合器不分离换挡和动力不中断换挡控制过程进行了详细分析，开发了瞬态过程中通用关键技术即电机调速控制和发动机调速控制的控制策略，在此基础上对两个瞬态过程中的关键技术提出了相应的控制策略，并通过仿真进行了验证。仿真结果表明整车模型是有效的，并且控制策略可以有效地实现离合器不分离换挡和动力不中断换挡。

第5章

EMT 总成台架试验研究

本书第 3 章分析了 EMT 工作原理并建立了关键部件的模型和传动系统的数学建模，第 4 章对离合器不分离换挡和动力不中断换挡过程进行了控制算法介绍，并联合 EMT 传动系统模型进行了联合仿真，离线验证控制算法的有效性。本章主要介绍基于三通道测功机的 EMT 总成测试台架，针对 EMT 进行关键部件的功能验证以及对控制算法进行验证。

5.1 传动系统控制架构

软件架构（Software Architecture）是一系列相关的抽象模式，用于指导大型软件系统各个方面的设计。汽车传动控制领域的软件架构也可称为传动控制架构，软件架构虽然不直接决定软件的功能，但却直接决定了软件的层次、可移植性以及可扩充性。

常见的传动系统控制架构如图 5 - 1 所示，除去诊断层和基础软件层外，应用层由三个层次构成，分别为驾驶策略层、驾驶功能层以及变速器控制功能层。策略层包括驾驶员意图的识别，静态挡位计算、载荷识别和人机接口等行驶策略；驾驶功能层通过起步、停车以及换挡功能模块将行驶

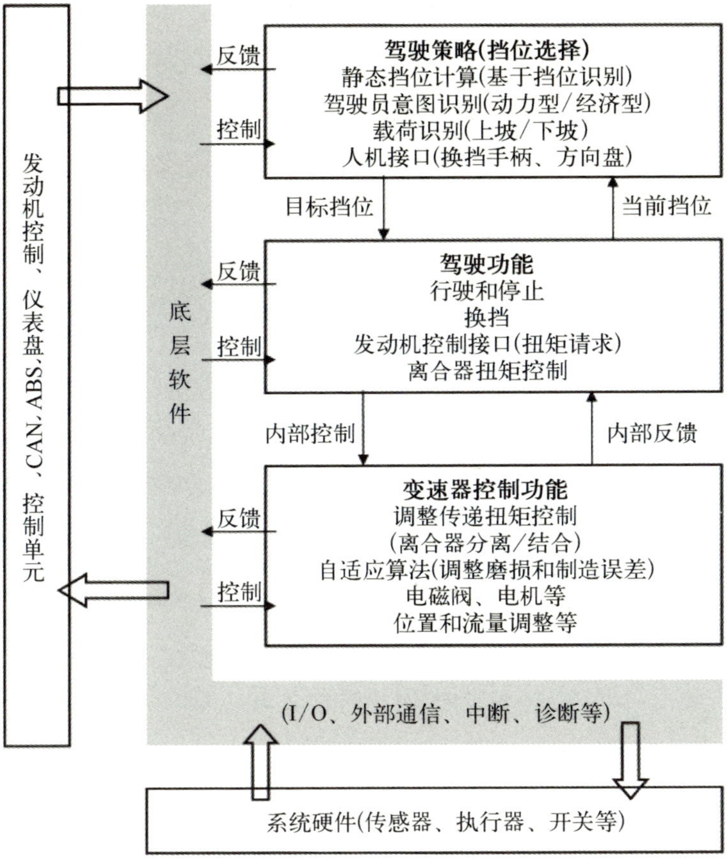

图 5-1　常用的传动控制架构

策略实现方式具体化；变速器控制功能层则通过位置控制、电流控制等控制算法对执行机构进行控制。

本文建立的传动控制架构如图 5-2 所示，最上层是驾驶员驾驶意图与工况识别层，对驾驶员具体的操作对象以及车辆当前的基本信息进行判断，包括当前挡位（或速比）、加速踏板、刹车踏板、换挡规律指令、离合器状态、发动机转速/转矩、车辆负载状态（包括坡度）等。

第二层为能量管理及分配层。根据第一层所获取的驾驶员操纵意图和车辆的行驶状态，对两个动力源即电机和发动机分配符合驾驶员意图的

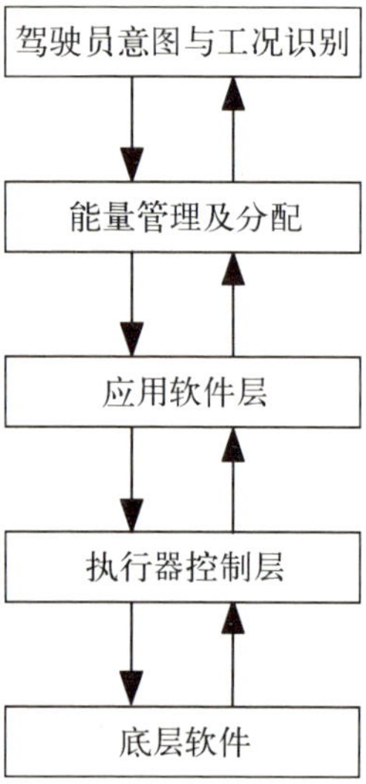

图 5-2　有源传动装置控制软件架构

功率输出，要求能满足动力性的需求的同时，还要尽量保持发动机工作在最佳经济区，以获取良好的燃油经济性。

第三层为应用软件层。该层也可成为软件功能层，其主要功能为实现传动系统各种工作模式以及模式之间的切换，实现各种模式下各部件的工作时序，如起步、换挡和驾驶模式切换等。

第四层为执行器控制层。第三层规定了各部件的控制时序，而真正的执行是由传动系统里面各执行器来完成，因此，本层功能为实现执行器的控制，例如换挡电机、离合器电机等。

第五层为底层软件层，功能主要包括传感器信号的采集处理、任务调度、CAN 通信的实现等。

本书重点研究动力不中断换挡和离合器不分离换挡过程的控制算法，因此，研究领域主要位于传动系统构架的第二层。

5.2　台架试验方案

本台架采用三通道测功机式试验平台，台架总装图和台架方案原理图分别如图 5-3 和图 5-4 所示，其中一个测功机 D1 模拟发动机作为动力源，与离合器输入轴相连；另外两个测功机模拟车轮阻力，分别与两个半轴相连。被测对象为由离合器、变速器以及驱动电机组成的集成电驱动单元。机械部分主要由三测功机式的台架、EMT 驱动单元以及连接盘等组成，电气部件主要由蓄电池、动力电池、动力电池控制单元(BMS)、传动系控制单元(PTU)等组成，测功机控制器、传动系控制单元以及动力电池控

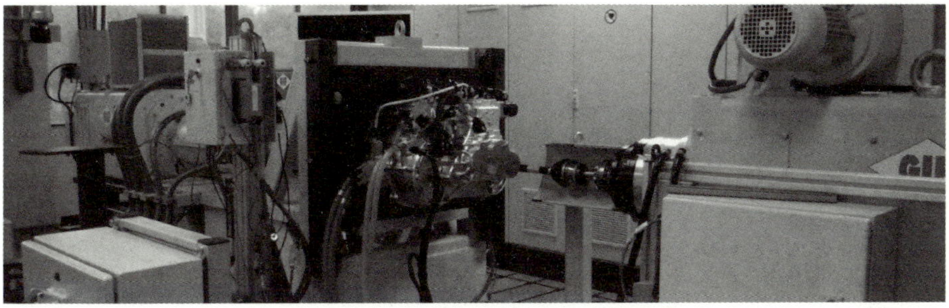

5－3　EMT 总成试验台架总装图

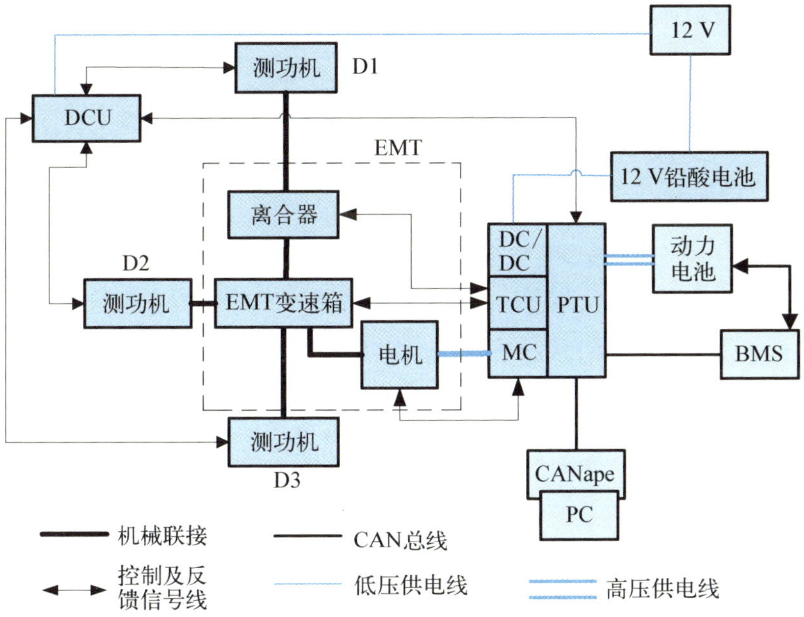

图 5－4　EMT 总成试验台架原理图

制单元通过 CAN 通信进行彼此通信，根据传动系统工况需求，传动系统控制单元可通过 CAN 将信息发送到测功机控制器，对模拟发动机的测功机进行转矩和转速控制。利用 CANape 进行信号观测、参数标定以及人机界面的建立，PC 作为上位机进行编程和代码生成及下载。

5.3 台架试验结果

上一章中已经通过离线仿真验证了模型以及控制算法，为进一步验证算法的有效性，在EMT总成试验台架上进行离合器不分离换挡和动力不中断换挡两个瞬态过程验证，验证从部件级的控制算法到系统级的控制算法，并对试验过程取得的结果进行分析。

5.3.1 离合器不分离换挡试验结果

1. 离合器不分离换挡传动系统调速试验

调速过程是离合器不分离换挡过程的关键技术，调速控制达到要求是进行离合器不分离换挡过程的基础，因此需单独进行调速过程算法验证。

1）同步器主动端升速试验

试验工况为：离合器保持结合，变速器处在空挡位置，由于此过程中发动机不参与调速，因此，发动机在此阶段输出转矩为0，整个过程中仅有电机作为动力源进行调速控制。

升速试验过程为电机转速从1 000 r/min升至4 000 r/min，试验过程中电机和发动机的转速变化过程以及电机转矩控制过程如图5-5所示，转速控制起始时间是73.55 s，结束时间为74.5 s，调速时间为0.95 s，整个过程中电机转速控制过程平稳，未出现明显的超调，转速平稳后存在微小稳态误差，误差为40 r/min，符合上文中得到的电机控制的目标即±100 r/min的要求。

从以上试验结果分析可知，整个调速控制过程为0.95 s，高于上文中的0.3 s的控制目标，经试验测定，包括测功机模拟的发动机在内的同步器主动端惯量为0.17 kg·m^2，远高于实车上的0.08 kg·m^{2}的实际惯量，同时，

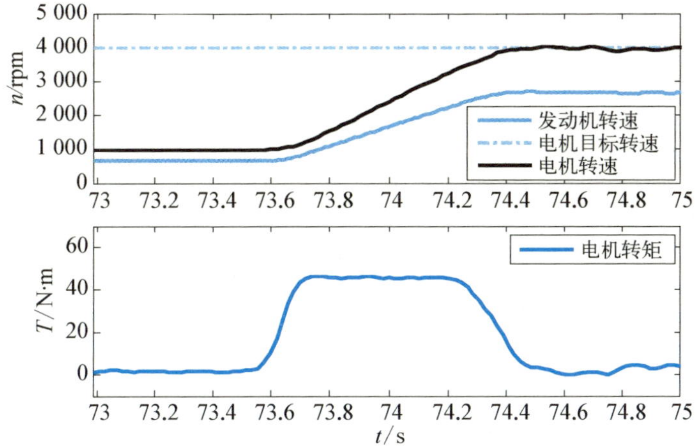

图 5－5　同步器主动端升速控制试验结果

出于传动系统安全的考量，电机的转矩响应时间被限制住，以及电机的最大转矩受限于 45 N・m，从而导致整个调速时间过长，未来进一步研究中可将电机的响应时间以及最大输出转矩适当放开，在实车上有望达到预期的控制目标。

2）同步器主动端降速试验

试验工况为：离合器保持结合，变速器处在空挡位置，由于此过程中发动机不参与调速，因此，发动机在此阶段输出转矩为 0 N・m，整个过程中仅有电机作为动力源进行调速控制。

降速试验过程为电机转速从 4 000 r/min 降至 1 000 r/min，试验过程中电机和发动机的转速变化过程以及电机转矩控制过程如图 5－6 所示，转速控制起始时间是 58.67 s，结束时间为 59.4 s，调速时间为 0.73 s，整个过程中，电机转速控制过程较为平稳，出现小幅度的超调，但未出现转速波动，转速平稳后存在微小稳态误差，最大误差为 80 r/min，符合上文中得到的电机控制的目标即±100 r/min 的要求。

同样，从以上试验结果分析可知，整个调速控制过程为 0.73 s，高于上

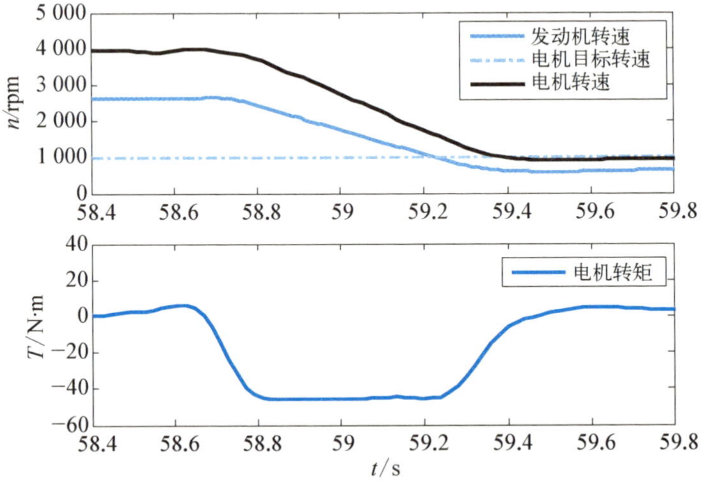

图 5-6　同步器主动端降速控制试验结果

文中的 0.3 s 的控制目标，调速时间长的理由和升速控制过程一样，一方面是惯量太大，另一方面是电机转矩响应速度和最大转矩未放开。

2. 离合器不分离换挡升挡试验结果

上文中进行了调速控制算法的验证，并且达到了控制预期目标，因此，下面进行系统级别的控制算法验证。首先进行升挡验证，试验结果如图 5-7 所示，换挡过程中离合器位置始终处于结合状态，在 181.04 s 时刻接收到换挡指令，并进行换挡，发动机转矩开始卸扭，而电机此时输出转矩为零，因此无需进行调节，卸扭完成后，在 181.21 s 开始进行变速器摘挡动作，在 181.38 s 时刻完成摘挡动作，并立即进行同步器主动端的调速过程，调速过程的目标转速根据车速可反算得到；在 181.74 s 时刻完成调速控制，由于程序的原因，在 181.84 s 时刻点才进行进挡动作，并且在 182.36 s 时刻完成进挡，并对发动机和电机进行动力恢复，在 182.5 s 时刻完成整个过程，整个换挡过程中，离合器保持结合。

整个换挡过程持续了 1.46 s，其中，卸扭时间为 0.17 s，摘挡时间为 0.17 s，调速时间为 0.36 s，进挡时间为 0.62 s，动力恢复时间为 0.14 s。调

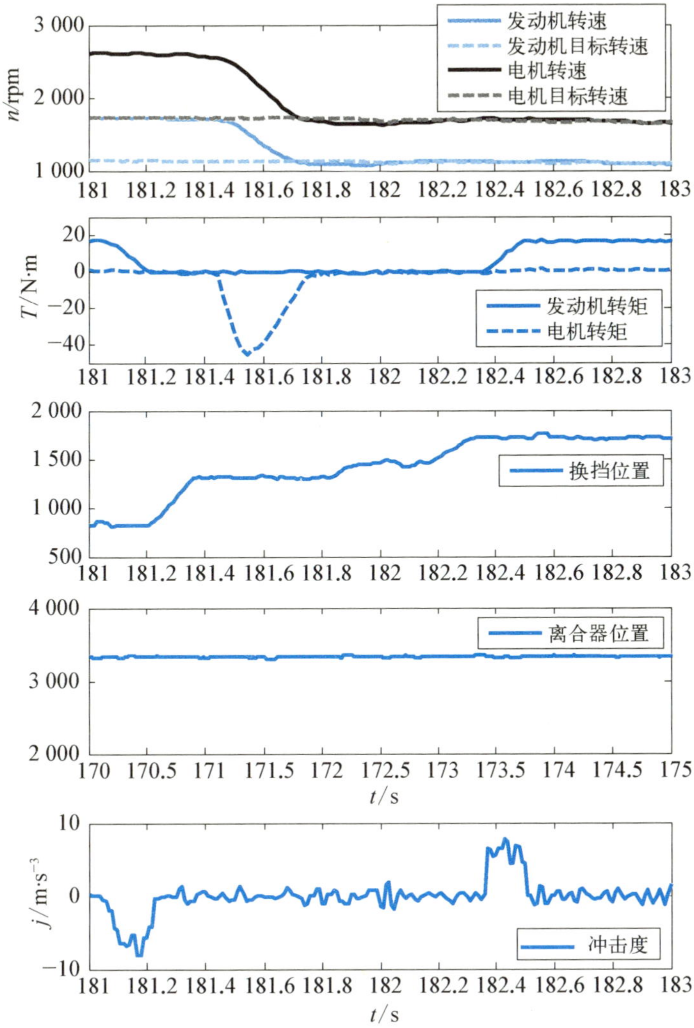

图 5 - 7　离合器不分离换挡升挡试验结果

速过程出现一定超调量，最大超调量为 80 r/min，达到控制目标。调速时间为 0.36 s，发动机惯量模拟不准确的原因，上文中已经阐明，在实车上会有更好的表现。进挡时间超出预期，经分析，主要是由于机械加工误差的问题，使得换挡不顺畅，从而导致进挡时间超出预期，换挡过程中的卸扭和动力恢复过程中存在一定冲击度，并且控制在 10 m/s^3 以内，符合控制目标，有效保证了换挡平顺性。降挡过程类似，试验结果如图 5－8 所示，此处不再详述。

3. 离合器不分离换挡降挡试验结果

降挡过程与升挡控制过程相似，只是调速改为升速控制，试验结果如图 5－8 所示，在 215.88 s 时刻接收到换挡指令，首先进行动力源卸扭，在 216.1 s 时刻完成卸扭后进行摘挡动作，并于 216.27 s 时刻完成摘挡，并立即执行调速控制，于 216.62 s 时刻完成调速控制，由于程序时序的 BUG，导致未立即进行换挡动作，直到 216.73 s 才进行进挡动作，在 217 s 时刻完

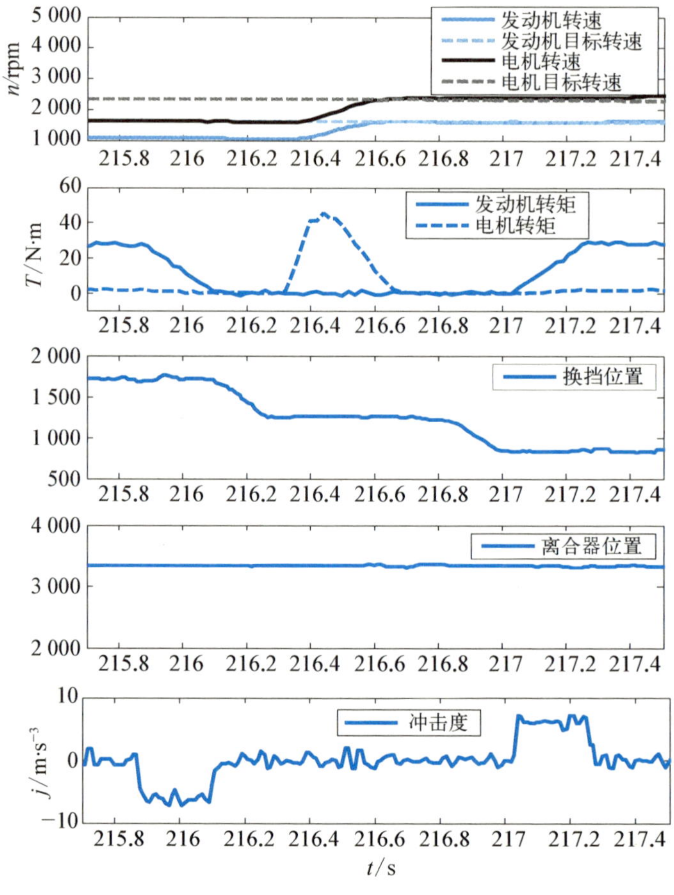

图 5－8　离合器不分离换挡降挡试验结果

成进挡并进行动力恢复，在 217.26 s 时刻完成整个换挡过程。

整个离合器不分离换挡降挡过程时间为 1.38 s，其中，卸扭时间为 0.22 s，摘挡时间为 0.17 s，调速时间为 0.35 s，进挡时间为 0.38 s，动力恢复时间为 0.26 s。调速时间稍长，升速控制精度较降速更好，有微小超调，最大超调量为 40 r/min，符合控制需求；二挡换一挡的进挡过程比较顺畅，时间较为正常，除去中间无效等待时间 0.11 s，实际进挡时间为 0.27 s。

4. 传统 AMT 传动系统与有源传动装置离合器不分离换挡比较

笔者在文献[55]中提出了在传统 AMT 进行离合器不分离换挡的概念并且成功在实车上进行了验证，升挡和降挡的试验结果如图 5-9 和图 5-10 所示。由该文献的结论可知，传统 AMT 进行离合器不分离换挡的瓶颈在于发动机的降速调速控制，发动机升速控制通过增加发动

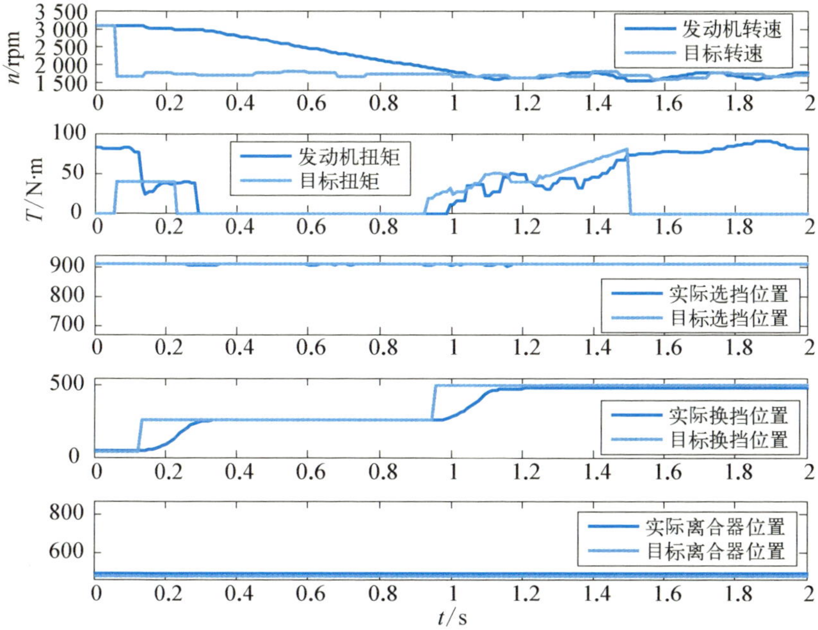

图 5-9　传统 AMT 离合器不分离换挡升挡试验结果

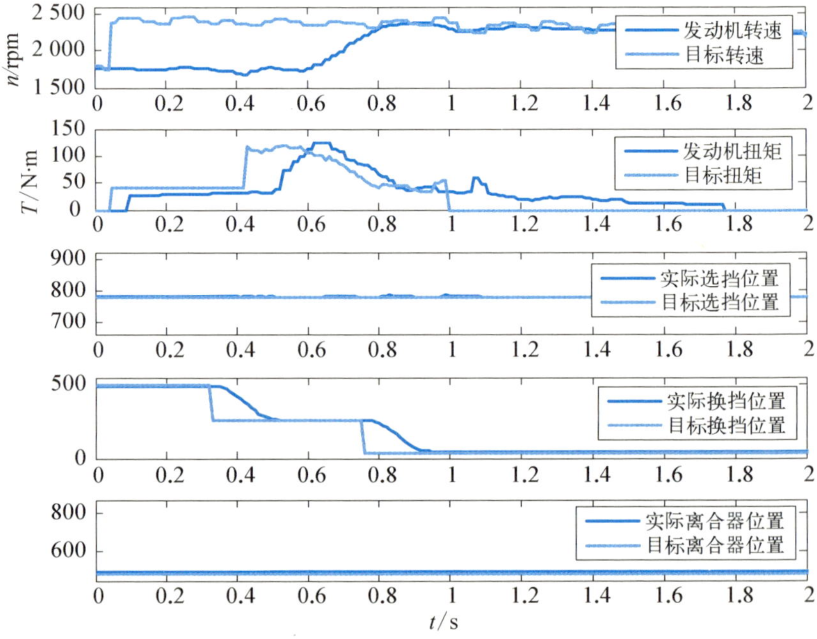

图 5-10　传统 AMT 离合器不分离换挡降挡试验结果

机输出转矩来实现，而降速只能依靠其内部阻力来实现，因此降速过程调速能力有限，导致换挡时间较长，尤其是一挡升二挡的过程，调速速差较大。

试验结果也证实如此，图 5-9 的试验结果显示，发动机从 3 100 r/min 降速至 1 700 r/min 用时 0.65 s，而 EMT 的离合器不分离换挡过程中，发动机转速从 2 670 r/min 降至 670 r/min 用时 0.73 s，考虑到试验台架同步器主动端惯量超出实际惯量一倍左右的因素，正常调速时间在 0.4 s 左右，因此，相比传统 AMT，降速控制品质得到明显的提升，可快速精确地实现降速控制，解决了传统 AMT 的技术瓶颈。

5.3.2　动力不中断换挡试验结果

动力不中断过程的试验分为电机在变速器输入轴和输出轴两种工况，

试验中有涉及电机在输入轴与输出轴之间来回切换的控制问题，因此，将电机单独的控制算法进行验证，然后进行系统级的控制算法验证。

1. 电机单独调速试验结果

1）电机升速试验结果

电机在脱开输入轴或者输出轴之后即可进行调速控制，试验中，电机当前转速为 3 400 r/min，目标转速为 5 230 r/min，试验结果如图 5－11 所示，在 123.43 s 时刻点开始进行调速控制，于 123.68 s 完成调速，整个调速过程迅速平稳，有微小速度超调，超调量为 28 r/min，整个调速时间为 0.25 s。

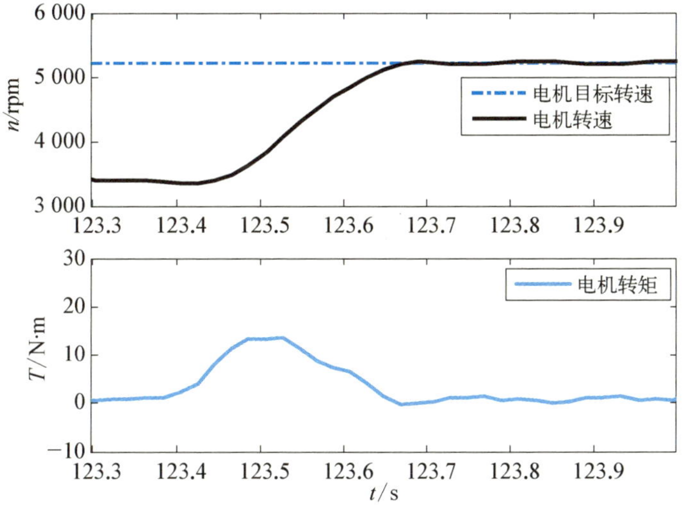

图 5－11　电机单独调速升速控制试验结果

2）电机降速试验结果

降速控制过程类似，采用闭环控制算法，试验结果如图 5－12 所示，电机当前转速为 5 460 r/min，而目标转速为 3 400 r/min，在 312.38 s 时刻点开始进行调速控制，于 312.68 s 时刻点完成调速过程。同样，调速过程迅速平稳，有稍许转速超调，超调量为 55 r/min，整个调速过程时间

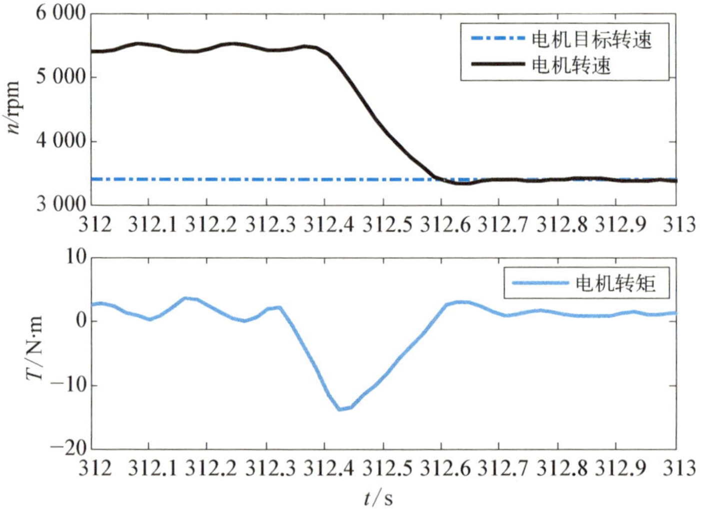

图 5-12　电机单独调速升速控制试验结果

为 0.3 s。

2. SO 模式动力不中断升挡试验结果

SO 模式动力不中断换挡过程中，电机一直保持与变速器输出轴耦合。SO 模式动力不中断换挡升挡过程如图 5-13 所示，在 78 s 时刻接收到换挡指令，进行发动机卸扭，同时，电机转矩进行补偿，实现发动机与电机的动力转移，于 78.7 s 时刻完成发动机的卸扭，进行离合器分离和换挡动作，在 79.9 s 完成换挡，由于发动机转速控制未开放，因此，台架试验过程中不进行发动机转速控制，然后立即结合离合器，离合器主、从动盘速差完全靠离合器摩擦消除，离合器在 81.2 s 完全结合后，电机和发动机进行动力恢复，各自转矩恢复到换挡前的水平，由于是升挡过程，传动系速比降低，等效至车轮的总转矩值也相应降低，符合预期，并于 82.2 s 完成全过程。

整个升挡换挡过程时间为 4.2 s，在离合器分离期间，通过电机的动力补偿，保持传递至车轮的转矩基本不变，电机与发动机动力转移的瞬态过

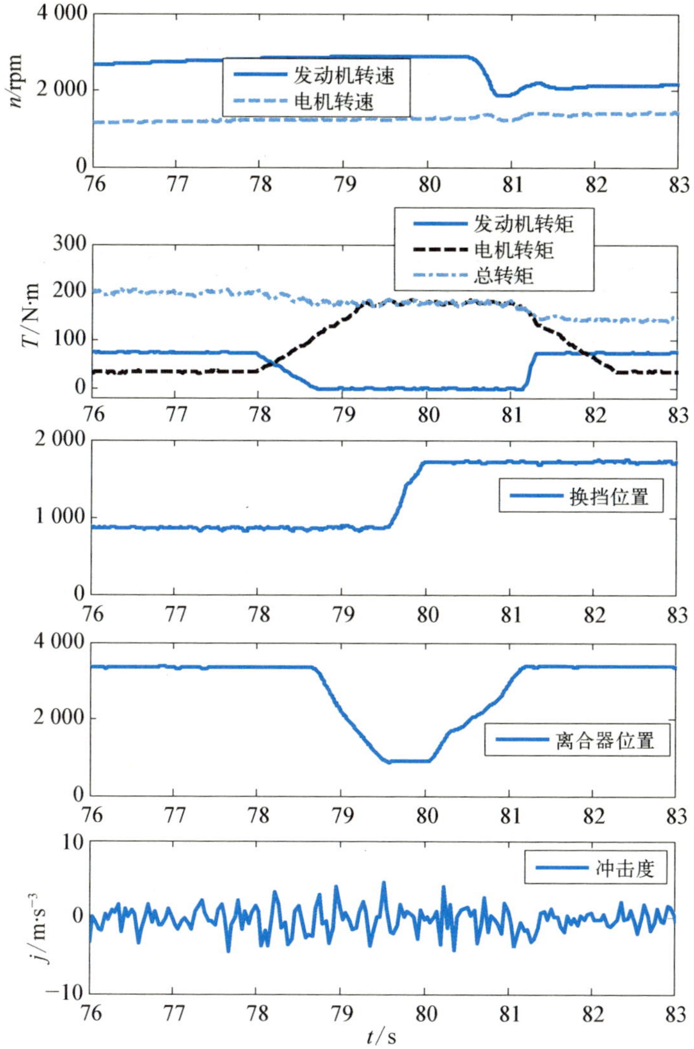

图 5 - 13　电机 SO 模式动力不中断换挡升挡过程试验结果

程未出现大的转矩波动，而且整个换挡过程中冲击度维持在较小的范围内，有效地控制了换挡平顺性，达到了预期的控制目标。同样，降挡过程与升挡过程类似，此处不再重复，试验结果见图 5 - 14。

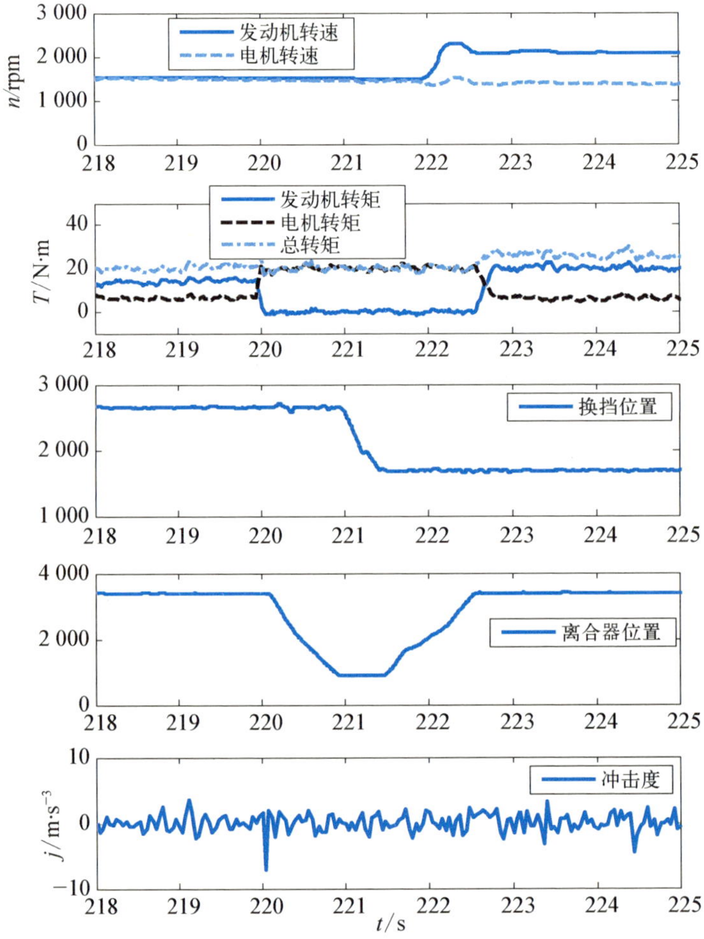

图 5-14　电机 SO 模式动力不中断换挡降挡过程试验结果

5.4　本章小结

本章在第 4 章离线仿真验证的基础上进行了台架实物验证，分别对离合器不分离换挡和动力不中断换挡两个典型瞬态过程进行了控制算法验证。离合器不分离换挡过程中的调速控制是其关键技术，并对调速控制进行了单独验证。试验结果表明，如果剔除惯量以及电机转矩的限制条件的话，完全可以满足控制目标。同时又进行了离合器不分离换挡的系统级的控制算法验证。试验结果表明，本章提出的控制算法能实现离合器不分离换挡，同时满足控制目标需求。同时还进行了 SO 模式的动力不中断换挡过程验证，试验结果表明，在整个换挡过程中保证了输出轴的输出转矩基本保持恒定，成功实现了换挡过程中的动力中断补偿。

第6章 总结与展望

6.1 总　结

本书以定轴式有源传动装置为研究对象，为充分发挥定轴式有源传动装置的优势，提出了一种可以解决动力中断的方案，并基于此方案进行了建模、控制算法开发和仿真，最后进行了台架试验验证。

具体完成的工作如下：

(1) 综述了国内外在有源传动装置领域的研究进展，特别总结了国内的基于定轴式的有源传动方案，并提出了有源传动装置的概念。

(2) 提出了基于形态分析法的定轴式有源传动装置拓扑结构设计法，并基于此设计法进行了实施例分析，验证了基于形态分析法的拓扑结构设计法的有效性。

(3) 推演出了一种可以有效解决动力中断问题的有源传动方案 EMT，对有源传动方案 EMT 进行了原理性分析，进而对 EMT 进行了建模和仿真研究。

(4) 根据 EMT 方案的特点，提出了动力不中断换挡和离合器不分离换挡两个典型瞬态过程，开发了相应的控制算法并进行了仿真验证。

(5) 开展了 EMT 的台架试验研究，对两个典型瞬态过程的控制策略进行了验证，验证了控制算法的有效性。

6.2　研究的创新点

(1) 依据定轴式有源传动装置的特点，提出了以图论理论为基础的形态分析法拓扑结构设计分析法，使得拓扑结构设计理论化和系统化，并推演出一种新型有源传动装置方案 EMT。

(2) 对定轴式有源传动系统的动力中断补偿问题进行了全面系统的分析，并提出了离合器不分离换挡和动力不中断换挡两种技术途径，并通过理论分析、离线仿真和台架试验加以实现和验证。

(3) 将最优控制应用于离合器不分离换挡过程中的调速控制，并取得了较好的调速效果。

6.3　研究工作展望

本书对定轴式有源传动装置关键技术进行了初步探讨，在理论分析和实践应用两方面取得了一定的研究进展，但由于时间及条件的限制，课题研究工作仍需在以下几个方面进一步展开：

(1) 本书提出的基于形态分析法的拓扑结构设计法可通过穷举和综合的方式将符合设计要求的方案筛选出来，但目前仍缺乏行之有效的评价指标，以通过定量的指标从最终筛选出来的方案中选出最优方案，未来可进一步对评价指标进行研究，以实现全过程计算机自动完成。

(2) 控制算法中两处采用了工业中非常普及的 PID 控制算法，未来可应用一些智能控制器以获得更好控制品质;离合器不分离换挡过程中由于电机的转矩响应被限制,导致最优控制算法无法得到验证,未来可放宽电机转矩响应速度,验证最优调速控制策略。

(3) 台架试验中由于试验台架条件的限制,导致发动机惯量模拟不准确,造成换挡调速过程时间较长,同时电机的转矩响应速度和电机最大输出转矩受限制,虽然实现了功能性的验证,但影响了换挡品质。未来可对台架进行进一步调试,完善惯量模拟,同时,逐渐放开对电机的限制或者直接在实车上进行验证,以获得更好的换挡品质。

参考文献

[1] 石莉. 北极之争：资源开发成为重要一环[N/OL]. 北京：中国社会科学报，2012-5-25(308)[2012-05-25] http://www.csstoday.net/Item/14707.aspx

[2] 南极冰川融化超预期或导致海平面上升加剧[N/OL]. 中国经济网，2009[2009-02-27]http://www.indaa.com.cn/kj/zhxw/200902/t20090227_126319.html

[3] http://news.xinhuanet.com/mrdx/2008-01/11/content_7406468.htm

[4] 谢庆裕. 专家建议广东发展水上交通降低碳排放[N/OL]. 广州：南方日报，2011[2011-02-27] http://env.people.com.cn/GB/14014757.html

[5] 全球交通工具碳排放增幅惊人[N/OL]. 新华网[2008-01-11] http://news.sohu.com/20080111/n254590510.shtml

[6] 国务院. 关于印发节能与新能源汽车产业发展规划(2012-2020年)的通知. 国发(2012)22号[EB/OL] http://www.gov.cn/zwgk/2012-07/09/content_2179032.htm

[7] 聂美展. 节能与新能源：汽车产业大趋势：汽车产业转型升级势在必行——《节能与新能源汽车产业发展规划(2012—2020年)》解读[J]. 北京：中国科技投资，2012(15)：18-22.

[8] 梁海波，高卫民. THS-Ⅱ系统动力分配模式的研究[J]. 辽宁：机械设计与制造，2007(2)：115-117.

[9] Muta K，Yamazaki M，Tokieda J. Development of new-generation hybrid system

THS II — Drastic improvement of power performance and fuel economy[J]. SAE paper, 2004(01): 64.

[10] 史广奎,万仁君,王仁广,等.通用双模式混合动力系统工作分析[J].南京:中国制造业信息化(学术版),2012(9):89-92.

[11] 钟再敏,王心坚,陈辛波.有效改善换挡动力中断的车用有源传动装置[J].上海:同济大学学报(自然科学版),2011(3):411-415.

[12] 高建平,何洪文,孙逢春.混合动力电动汽车机电耦合系统归类分析[J].北京:北京理工大学学报,2008(3):197-201.

[13] 杨庆彪.混合动力汽车结构原理与维修[M].北京:中国劳动社会保障出版社,2010.

[14] Michael Duoba H N R L. Characterization and comparison of two hybrid electric vehicles (HEVs) — Honda insight and Toyota prius[J]. SAE Paper, 2001-01-1335.

[15] Ma C, Kang J, Choi W, et al. A comparative study on the power characteristics and control strategies for plug-in hybrid electric vehicles[J]. International Journal of Automotive Technology, 2012, 13(3): 505-516.

[16] Miller J. Comparative assessment of hybrid vehicle power split transmissions [D]. Proceedings of the 2005 Fourth Vectronics Institute Winter Workshop Series, 2005.

[17] Miller J M. Hybrid electric vehicle propulsion system architectures of the e-CVT type[J]. IEEE Transaction on power electronics, 2006, 21(3): 756-767.

[18] Miller J M. Hybrid Propulsion Systems: The Gasoline-Electric Strong Hybrid, 2005.

[19] Noben P. A comparison study between power-split CVTs and a push-belt CVT [D]. Eindhoven: Technische Universiteit Eindhoven, 2007.

[20] Höhn B R. Automatisiertes Schaltgetriebe ohne Zugkraftunterbrechung[M]. VDI-Berichte, 2004: Nr. 1827.

[21] 李川.双电机混合动力客车换挡无动力中断的研究[D].长春:吉林大学,2009.

[22] 董悦航. 基于 AMT 的混合动力汽车电动变速驱动单元(E. T. Driver)控制策略研究[D]. 上海：上海交通大学，2008.

[23] 董悦航，殷承良，张建武，等. 基于 AMT 的变速驱动单元及在混合动力汽车中应用[J]. 北京：系统仿真学报，2008，20(13)：3553－3557.

[24] 葛安林. 自动变速器控制原理与方法[M]. 北京：人民交通出版社，1994.

[25] 牛铭奎，高炳钊，葛安林，等. 双离合器式自动变速器系统[J]. 长春：汽车技术，2004(6)：1－3.

[26] Zhang Y, Chen X, Zhang X, et al. Dynamic modeling and simulation of a dual-clutch automated lay-shaft transmission[J]. Transactions of the ASME-R-Journal of Mechanical Design, 2005, 127(2): 302－307.

[27] Kulkarni M, Shim T, Zhang Y. Shift dynamics and control of dual-clutch transmissions. Mechanism and Machine Theory, 2007, 42(2): 168－182.

[28] 钟再敏，孔国玲，余卓平，等. 机械式自动变速器动力中断研究进展及解决方案[J]. 上海：同济大学学报(自然科学版)，2011(12)：1850－1855.

[29] Kuroiwa H, Ozaki N, Okada T, et al. Next-generation fuel-efficient automated manual transmission[J]. Hitachi Review, 2004, 53(4): 205－210.

[30] Hirt G, Fischer R, Berger R. The future of ASG-the uninterrupted shifted gearbox (USG) and the electrical shifted gearbox (ESG). VDI-Berichte, 1999, 1505: 335－354.

[31] Ngo D V, Hofman T, Steinbuch M, et al. Shifting strategy for step change transmission vehicle: a comparative study and design method[C]. 24th International Battery, Hybrid and Fuel Cell Electric Vehicle Symposium and Exhibition, 2009: 1576－1585.

[32] Baraszu R C, Cikanek S R. Torque fill-in for an automated shift manual transmission in a parallel hybrid electric vehicle[C]. Proceedings of the 2002: American Control Conference, 2002: 1431－1436.

[33] Galvagno E, Velardocchia M, Vigliani A. A model for a flywheel automatic assisted manual transmission[J]. Mechanism and Machine Theory, 2009,

44(6)：1294－1305.

[34] 何洪文.混合动力城市公交车系统设计[M].北京：北京理工大学出版社，2007.

[35] 卫道坦，张伟社，杨小安.行星齿轮变速箱传动方案的图论综合法[J].西安：长安大学学报(自然科学版)，1992(2)：53－65.

[36] 邓晓龙，朱大林，方子帆.三自由度串联行星变速箱传动方案设计的图论法[J].郑州：机械传动，2002，(2)：11－13.

[37] 雷亚荣.周转轮系系统化研究的图论方法[D].西安：西安理工大学，2007.

[38] 冯荆松.基于图论的六挡自动变速器传动方案研究[D].重庆：重庆大学，2010.

[39] Madan S R，Ambekar A G，Jain R C. Symbolic notation of planetary gear trains by canonical number approach (Max Code) [J]. International Journal of Mechanical Engineering Education，2000，28(1)：47－68.

[40] 李华，姚进.复杂定轴轮系的图论分析方法[J].西南交通大学学报，2008，(4)：483－487.

[41] 邹慧君，颜鸿森.机械创新设计理论与方法[M].北京：高等教育出版社，2008.

[42] Buchsbaum F，Freudenstein F. Synthesis of kinematic structure of geared kinematic chains and other mechanisms[J]. Journal of mechanisms，1970，5(3)：357－392.

[43] Tsai L. An Application of the Linkage Characteristic Polynomial to the Topological Synthesis of Epicyclic Gear Trains[J]. Journal of Transaction of ASME，1987：1－8.

[44] 史晓影，陈良钰，薛隆泉.行星轮系的图论模型及其应用[J].机械传动，2008，(5)：49－52.

[45] 徐俊明.图论及其应用[M].北京：中国科学技术大学出版社，2004.

[46] 薛隆泉，汪友明，王慧武，等.基于功能离散法的周转轮系拓扑综合研究[J].机械工程学报，2006，(6)：40－45.

[47] 张忠海，李端玲.基于广义关联矩阵的运动链同构的判定方法[J].陕西科技大学学报(自然科学版)，2009，(1)：140－145.

[48] 万金保，董铸荣，沈守范.用邻接矩阵识别机构运动链同构的研究[J].机械工程

学报,2004,(7)：85－88.

[49] 裴栋.不分离离合器AMT综合控制研究[D].长春：吉林大学,2009.

[50] 张建林.电控电动AMT无离合器操纵换挡控制技术的研究[D].长春：吉林大学,2007.

[51] 杜海若,刘思宁.自动变速汽车无离合器操纵换挡方案研究[J].成都：西南交通大学学报,1995,30(1)：86－91.

[52] Pettersson M, Nielsen L. Gear shifting by engine control[J]. Control Systems Technology, IEEE Transactions on, 2000, 8(3)：495－507.

[53] 王升山.离合器不分离AMT换挡过程中发动机控制[D].长春：吉林大学,2007.

[54] 孔国玲,钟再敏,余卓平,等.AMT离合器不分离换挡过程中发动机控制.上海：同济大学学报(自然科学版),2012,(2)：267－271.

[55] Zhong Z, Kong G, Yu Z, et al. Shifting Control of an Automated Mechanical Transmission without using the Clutch[J]. International Journal of Automotive Technology, 2012, 13(3)：487－496.

[56] 王云成,王庆年,谢飞,等.重型载货汽车不分离离合器AMT技术[J].长春：汽车技术,2010,(5)：14－18.

[57] 王云成.重型商用车不分离离合器AMT关键技术研究[D].长春：吉林大学,2010.

[58] 初明忠.重型商用车不分离离合器AMT电动换挡的研究[D].长春：吉林大学,2007.

[59] 欧阳瑞璟.并联混合动力汽车AMT无离合器操作换挡过程的研究[D].长春：吉林大学,2006.

[60] 董翔宇,席军强,陈慧岩.并联混合动力汽车AMT无离合器换挡同步过程控制[J].汽车工程,2011,(12)：1047－1050.

[61] Powell B K, Bailey K E, Cikanek S R. Dynamic modeling and control of hybrid electric vehicle powertrain systems[J]. Control Systems, IEEE, 1998, 18(5)：17－33.

[62] Rousseau A, Sharer P, Besnier F. Feasibility of reusable vehicle modeling: application to hybrid vehicle[J]. SAE SP, 2004: 293 - 302.

[63] Rimaux S, Delhom M, Combes E. Hybrid vehicle powertrain: modeling and control[J]. 1999.

[64] Rizzoni G, Guzzella L, Baumann B M. Unified modeling of hybrid electric vehicle drivetrains[J]. Mechatronics, IEEE/ASME Transactions on, 1999, 4(3): 246 - 257.

[65] Rizzoni G, Guezennec Y, Brahma A, et al. VP - SIM: A unified approach to energy and power flow modeling simulation and analysis of hybrid vehicles[C]. Proceedings of the 2000 Future Car Congress, Arlington, Virginia, 2000: 145 - 151.

[66] Wilkins S, Lampérth M U. An Object-Oriented modelling tool of Hybrid Powertrains for vehicle performance simulation[C]. Proc. of EVS19, 2002: 544 - 551.

[67] Liu J, Peng H. Modeling and control of a power-split hybrid vehicle[J]. Control Systems Technology, IEEE Transactions on, 2008, 16(6): 1242 - 1251.

[68] Paganelli G, Ercole G, Brahma A, et al. General supervisory control policy for the energy optimization of charge-sustaining hybrid electric vehicles[J]. JSAE review, 2001, 22(4): 511 - 518.

[69] 贾海斌,盛占石. 串联式混合电动汽车发动机转速控制系统[J]. 镇江: 江苏大学学报(自然科学版),2003,24(1): 60 - 63.

[70] 余志生. 汽车理论[M]. 北京: 机械工业出版社,2009.

[71] 陈家瑞. 汽车构造(下册)[M]. 北京: 机械工业出版社,2000.

[72] 徐石安,江发潮. 汽车离合器/汽车设计丛书[M]. 北京: 清华大学出版社,2005.

[73] 陈俐. 汽车 AMT 自动离合器接合过程的动力学与控制研究[D]. 上海: 上海交通大学,2000.

[74] 王望予. 汽车设计[M]. 北京: 机械工业出版社,2004.

[75] 李三东,薛花,纪志成. 基于 Matlab 永磁同步电机控制系统的仿真建模[J]. 无

锡：江南大学学报(自然科学版)，2004，3(2)：115－120.

[76] 金斯利，尤曼斯. 电机学[M]. 北京：清华大学出版社，2003.

[77] 孙丹，贺益康. 基于恒定开关频率空间矢量调制的永磁同步电机直接转矩控制[J]. 中国电机工程学报，2005，25(12)：112－116.

[78] Zhu G, Dessaint L, Akhrif O, et al. Speed tracking control of a permanent-magnet synchronous motor with state and load torque observer[J]. Industrial Electronics, IEEE Transactions on, 2000, 47(2): 346－355.

[79] 连琨，刘艳萍，高美卿. 永磁同步电动机矢量控制[J]. 电机与控制应用，2010，37(012)：52－55.

[80] 纪志成，周寰，李三东. 基于PSIM永磁同步电机矢量控制系统的仿真建模[J]. 系统仿真学报，2004，16(5)：898－901.

[81] 寇宝泉，程树康. 交流伺服电机及其控制[M]. 北京：机械工业出版社，2008.

[82] 谢运祥，卢柱强. 基于Matlab/Simulink的永磁同步电机直接转矩控制仿真建模[J]. 华南理工大学学报：自然科学版，2004，32(001)：19－23.

[83] 梁艳，李永东. 无传感器永磁同步电机矢量控制系统概述[J]. 电气传动，2003，33(4)：4－9.

[84] 王成元，夏加宽，孙宜标. 现代电机控制技术[M]. 北京：机械工业出版社，2009.

[85] 侯雪璐. 混合动力汽车驱动电机控制系统及性能的研究[D]. 成都：西南交通大学，2006.

[86] 李三东，薛花，纪志成. 基于Matlab永磁同步电机控制系统的仿真建模[J]. 江南大学学报(自然科学版)，2004，3(2)：115－120.

[87] Bae B, Sul S, Kwon J, et al. Implementation of sensorless vector control for super-high-speed PMSM of turbo-compressor[J]. Industry Applications, IEEE Transactions on, 2003, 39(3): 811－818.

[88] 陈广辉. 无位置传感器的永磁同步电机矢量控制系统[D]. 广州：华南理工大学，2012.

[89] 刘金琨. 先进PID控制MATLAB仿真[M]. 北京：电子工业出版社，2004.

[90] 吴坚，李亚彬，李静，等. 基于SAEJ1939协议的汽车驱动力控制CAN总线[J].

吉林大学学报：工学版，2009，(4)：855－858.

[91] 李永强，宋希庚，薛冬新. CAN 局域网及 J1939 协议在货车和客车上的运用[J]. 汽车工程，2003，25(4)：31－33.

[92] 黄英，万国强，崔涛，等. AMT 换挡过程发动机控制策略研究[J]. 汽车工程，2012，(3)：245－248.

[93] 雷晓东. 电控机械自动变速系统换挡控制策略研究[D]. 重庆：重庆大学，2005.

[94] 王轶卿，赵英凯. 基于 Bang-Bang 控制的倒立摆系统摆起和镇定[J]. 机械与电子，2004，(008)：16－18.

[95] Glielmo L, Iannelli L, Vacca V, et al. Gearshift control for automated manual transmissions. Mechatronics[J]. IEEE/ASME Transactions on, 2006, 11(1): 17－26.

[96] Song X Y, Sun Z X, Yang X J, et al. Modelling, control, and hardware-in-the-loop simulation of an automated manual transmission[J//]. Proceedings of the Institution of Mechanical Engineers, Part D. Journal of Automobile Engineering, 2010, 224(2): 143－160.

[97] Yang J. Enhanced fuzzy sliding mode controller for launch control of AMT vehicle using a brushless DC motor drive[J]. International Journal of Automotive Technology, 2007, 8(3): 383－394.

[98] Lucente G, Montanari M, Rossi C. Hybrid optimal control of an automated manual transmission system[J]. Nonlinear Control Systems, 2007: 958－963.

[99] 习纲，张建武. 汽车 AMT 合器的非线性滑模控制[J]. 中国机械工程，2002，13(2)：171－174.

[100] 赵永胜，张云清，任卫群，等. 汽车 AMT 自动离合器的改进模糊滑模控制[J]. 汽车工程，2006，28(8)：750－754.

[101] 席军强，陈慧岩，丁华荣. 自动机械传动系统起步过程中离合器的自适应控制策略研究[J]. 兵工学报，2004，25(006)：657－661.

[102] 王云成，施国标. 机械式自动变速器系统的离合器起步模糊控制[J]. 农业机械学报，2000，31(6)：32－35.

[103] 王丽芳,张俊智. 机械式自动变速器的自适应控制[J]. 中国机械工程,1999,10(3):267-268.

[104] 古艳春. 混合动力汽车 AMT 换挡策略及换挡控制的研究[D]. 上海:上海交通大学,2006.

[105] Haj-Fraj A, Pfeiffer F. Optimization of gear shift operations in automatic transmissions[J]. International Workshop on Advanced Motion Control, 2000: 469-473.

[106] 葛安林. 车辆自动变速理论与设计[M]. 北京:机械工业出版社,1993.

[107] Marciszko F. Torque Sensor based Powertrain Control[D]. Linköping, 2004.

[108] 黄建明. 机械式自动变速器的控制策略研究[D]. 重庆:重庆大学,2004.

[109] Glielmo L, Iannelli L, Vacca V, et al. Gearshift control for automated manual transmissions[J]. Mechatronics, IEEE/ASME Transactions on, 2006, 11(1): 17-26.

[110] 郭立书,葛安林. 电控机械式自动变速器换挡过程控制[J]. 农业机械学报,2003,34(2):1-3.

[111] 黄建明,曹长修,苏玉刚. 机械式自动变速器的换挡控制[J]. 重庆大学学报(自然科学版),2005,28(1):86-89.

[112] 雷雨龙,葛安林. 离合器起步过程的控制策略[J]. 汽车工程,2000,22(4):266-269.

[113] 黄建明,曹长修,苏玉刚. 汽车起步过程的离合器控制[J]. 重庆大学学报(自然科学版),2005,28(3):91-94.

[114] 杜波. 单电机重度混合动力汽车模式切换与 AMT 换挡平顺性控制策略研究[D]. 重庆:重庆大学,2012.

[115] 胡寿松,王执铨,胡维礼. 最优控制理论与系统[M]. 北京:科学出版社,2005.

后 记

衷心感谢我的导师万钢教授和余卓平教授在我论文研究工作中给予我的悉心指导和热情帮助。两位导师知识渊博，治学严谨，学术眼光敏锐而长远，工作态度精益求精，不仅传授了我知识，还教会了我做研究的态度，让我受益终生。

特别感谢我的副导师钟再敏教授对我的悉心指导和关心。在我博士研究生阶段的科研学习中，钟老师一直给予我细心无私的指导和帮助。钟老师一丝不苟的科学态度、严谨细致的工作方法、深厚扎实的理论知识以及丰富的工程实践经验是我学习和追求的目标。钟老师不仅传授了我知识，还教会了我做事做人，让我受益终生。

感谢课题组的王心坚老师以及项目组成员吴海康博士、陈雪平博士、辛向艳、魏强和王治松对我的研究作出的贡献，同时感谢课题组邱煜、万千、周曹明、王晓斌、孔勇进、罗昕、马勇、高智、蒋昌恺、曹鹏彪、陈伟、陈震、王业勤、敬辉、吕强、苟亚凤、江尚、姜斌、武柏年、王春现等同学在项目上和论文工作中给予我的帮助。感谢课题组的同学：贺林博士、孙贤安博士、杨红、赵沂、李爽、苏恒、张琨、高暮琰等同学，我们在工作和学习中互相帮助，建立了深厚的友谊。

感谢大陆汽车电子有限公司的员工刘松经理、丁然然、孙业琪等，他们经验丰富、平易近人，感谢他们对我的指导和帮助。

感谢我亲爱的父母、哥哥和弟弟，他们给了我无私的爱，陪伴我，支持我，使得我能够克服人生中的各种困难。我也希望能够通过以后的加倍努力来回报他们。

最后，衷心感谢在百忙之中抽出时间审阅本书的专家教授。

孔国玲